THOMAS FISCHER
RICHTER-SPRÜCHE

DROEMER

Besuchen Sie uns im Internet:
www.droemer.de

FSC
www.fsc.org
MIX
Papier aus verantwortungsvollen Quellen
FSC® C083411

Originalausgabe November 2017

Ein Imprint der Verlagsgruppe
Droemer Knaur GmbH & Co. KG, München

Covergestaltung: ZERO Werbeagentur, München
Coverabbildung: FinePic / shutterstock
Autorenfoto: © Michael Herdlein
Satz: Adobe InDesign im Verlag
Druck und Bindung: CPI books GmbH, Leck
ISBN 978-3-426-27747-8

2 4 5 3 1

DROEMER

Über den Autor:

Prof. Dr. Thomas Fischer, Jahrgang 1953, war bis April 2017 Vorsitzender Richter am Bundesgerichtshof in Karlsruhe. Sein jährlicher Kommentar zum Strafgesetzbuch, die Beck'schen Kurzkommentare, gilt als die Bibel des Strafrechts. Mit seiner ZEIT-ONLINE-Kolumne »Fischer im Recht« wurde er einer breiten Öffentlichkeit bekannt. Bei Droemer erschien 2016 eine Auswahl daraus unter dem Titel »Im Recht«.

VORWORT

Die hier versammelten Richter-Sprüche sind weder Rechts-Sprüche noch gar Recht-Sprechung. Sie sind nicht mehr als Äußerungen einer Person, die im Zeitraum von 1988 bis 2017 meist den Beruf des Richters in Strafsachen ausgeübt hat.

Von Januar 2015 bis Mai 2017 erschien die Online-Kolumne »Fischer im Recht« auf der Internet-Seite von »ZEIT-ONLINE«. Sie hatte 118 Folgen, etwa 1100 Druckseiten, erfreulich viele Freunde und erwartungsgemäß manch erbitterten Gegner.

Die »Richter-Sprüche« sind kein »Best-of«, erst recht keine Zusammenfassung dieser Texte. Sie greifen Themen, Bemerkungen, Aphorismen und Hinweise aus den Kolumnen auf, lösen sie aus ihrem ursprünglichen Zusammenhang und stehen, wenn es gelingt, für sich selbst. Sie sind in einem Prozess der Verdampfung entstanden. Die Idee dazu verdanke ich Daniel Graf aus Berlin, dem ich dafür herzlich danke.

Alle Bemerkungen sind Zitate aus den Kolumnen. Sie sind meist, aber nicht gänzlich unbearbeitet: Gelegentliche Auslassungen sind nicht stets gekennzeichnet; in einer geringeren Zahl von Texten habe ich vorsichtige redaktionelle Änderungen vorgenommen, etwa indem Verweisungen weggelassen, Redundanzen gestrichen oder Bezüge verkürzt wurden. Denn die Richter-Sprüche sind keine historisch-kritische Grabung, sondern nicht mehr als der Versuch, dem je nach Geschmack gelobten oder verdammten Mäandern der Kolumnen-

texte ein paar Wellenkämme abzugewinnen, die des Nachdenkens wert sein mögen.
Daher stehen die »Sprüche« hier, jeder für sich, allein. Daher haben sie, jeder für sich, eine eigene, neue Überschrift. Und daher sind sie so geordnet, wie sie sind: alphabetisch. Die alphanumerische Ordnung der Welt ist, so scheint mir, die höchstmögliche Form der Distanzierung von der höchstmöglichen Weise der Begeisterung, des Interesses, der Neugier und des Leidens. Anklage folgt auf Abbitte und Zweifel auf Zuversicht: So ist das Leben.

Thomas Fischer

RICHTER-SPRÜCHE

Abartigkeit

Eine »Knochenerweichung des Strafrechts« wurde früher denen nachgesagt, die die »Abartigkeit« als Entschuldigungsgrund aufnehmen wollten. Denn unter diesem Namen schlichen sich die sogenannten »Psychopathien« und die »Neurosen« und die »Persönlichkeitsstörungen« ein in das stramme Weltbild der Herren Bresser und Co., die den Verbrecher vom Irren mittels Röntgendiagnostik zu differenzieren und mittels Lobotomie oder Stereotaxie zu heilen wünschten, dabei freilich übersehend den Wahnsinn ihres höchstpersönlichen Selbst.

Abendland

Wir haben die Ausrottung von fast 70 Prozent der europäischen Bevölkerung geschafft, zwei große und unzählige kleinere Kriege mit Hunderten von Millionen Erschlagenen. Wir haben es geschafft, halb Asien und ganz Afrika und Südamerika über Jahrhunderte im Elend zu halten, um uns deren Reichtümer anzueignen. Da werden wir es doch wohl schaffen, ein paar Millionen Hungerleider in deutschen Turnhallen durchzufüttern, bis ihnen und uns etwas Besseres einfällt.

Abhängigkeit

Das Geständnis ist eine Währung, auf welche die Strafjustiz sich seit Jahrzehnten auf einer abschüssigen Bahn in bedenklich korruptivem Maß so weit eingelassen hat, dass sie davon abhängig geworden ist wie ein Junkie.

Abweichende Meinung

In der Geschäftsordnung des Bundesgerichtshofs von 1952 ist festgehalten, es stehe jedem Richter frei, eine abweichende Meinung »in einem verschlossenen Umschlag zu den Akten zu geben«. Das ist eine Regelung, die den Geist der Furcht atmet. Eine eigene, abweichende Ansicht gilt nicht als Leistung, Kritikfähigkeit nicht als Tugend, sondern beides als besorgnisbegründender Ausdruck von Schwierigkeit des Charakters.

Aktive Sterbehilfe

Aktive Sterbehilfe ist strafbar, so steht es auf allen Websites und in allen Broschüren, auch in allen Strafrechtslehrbüchern. Das ist schon deshalb Unsinn, weil die sogenannte passive und die angeblich »indirekte« Sterbehilfe ebenfalls höchst »aktiv« sind, aber trotzdem erlaubt.

Alkohol, deutsch

Zur Anregung Ihrer Assoziationen einige Stichworte: Wesensveränderung, Bauchspeicheldrüsenkrebs, Gewalttätigkeit, Fehlzeiten, Unfallraten, Co-Alkoholismus, Kinderelend, Impotenz. 10 000 alkoholgeschädigte Neugeborene pro Jahr. Geschrei, Gepöbel, Scheidungen, Erbrechen, Filmriss. Die Kosten für die kurzen Phasen der Begeisterung an der Welt und sich selbst: 100 Milliarden Euro. Stellten wir das Saufen ein, könnten wir vom Ersparten ganz Afrika ein Leben subventionieren, das unserem Standard von vor 100 Jahren entspricht.

Allgemeiner Teil

Gib mir, sagen der Chinese in Peking und der Student in Passau, deinen Allgemeinen Teil! Dies ist, liebe Leserinnen und Leser aus dem nichtjuristischen Lager, ein opus maximum, eine Darstellung der »Allgemeinen Lehren« eines juristischen Fachs. Im Strafrecht gilt der »Allgemeine Teil« (sprich: AT; die Nähe zum Alten Testament ist zufällig, aber schicksalhaft) als die Krönung der Gelehrsamkeit. Honorarprofessoren dürfen niemals eine Lehrveranstaltung zum AT abhalten. Es ist einfach zu schwierig und zu verantwortungsvoll.

Analytiker

Bundesjustizminister Heiko Maas wurde von Wolfgang Schäuble unter anderem wegen Äußerungen betreffend den Fall Lohfink zum Rücktritt aufgefordert, was natürlich einer schallenden Ohrfeige gleichkam. Eine Sprecherin von Herrn Maas hat dem alsbald eine krachende Absage er- und ihrerseits mitgeteilt, die demnächst in Kraft zu treten habende Neuregelung des Sexualstrafrechts weise nach Ansicht des Ministers eklatante Regelungslücken auf, da am letzten Donnerstag in Heilbronn schon wieder etwas vorgefallen sein soll.

Andere

Fünf Sekunden nach dem Eintritt eines fremden Menschen in den Raum haben wir entschieden, ob er/sie ein Feind ist, ein Konkurrent, ein Objekt der Begierde, ein Schutzbedürftiger. Wir haben uns in seinen Körper hineingedacht, seine Kleidung, sein Gesicht; wir haben eine Hypothese über Alter, Stärke, Intelligenz, Dominanz, Feindseligkeit, soziale Schicht.

Angst

Angst und Besorgnis ist angeblich die Verfassung des Deutschen Ende 2016. Keine Zeitung, kein Sender, der diesem Schreckensphänomen nicht täglich sein Opfer bringt. Freilich: Dafür, dass Deutschland in Angst erstarrt, läuft das Weihnachtsgeschäft prima!

AOK, königlich

Das Volk blickt um sich und überlegt Tag und Nacht, wie man Gerechtigkeit herstellen und für Recht und Ordnung sorgen soll. Es kamen die Mühseligen und Beladenen, die Entrechteten und Gequälten, die Flüchtlinge und Verfolgten, die Gerechten und Ungerechten. Sie traten vor den König und flehten: Hilf mir, Herr! Gib mir, was ich verdient habe! Da sann der König lange nach, weinte bitterlich und sprach: »Lieber Patient! Hochverehrter Demenzkranker! Herzallerliebster Rentner! Gern würde ich dir geben, was du verdienst. Lange und oft hast du mich betrogen und wirst es weiter tun mit deinen erfundenen Krankheiten, deiner Hypochondrie und deinem endlosen Herumhocken in den Lesezirkeln der Wartezimmer. Aber ich will nicht Böses mit Bösem vergelten. Die Förderung deiner Pflegeversicherung will ich dir um 0,5 Prozent erhöhen, das macht 200 Blatt Klopapier oder zwei Windeln mehr pro Woche. Unermesslich, aufs Ganze gesehen!

Ärzte

Es gibt im Leben eines jeden Medizinstudenten einen magischen Moment, in dem er oder sie die Gewissheit gewinnt, Teil eines geheimnisvollen Ganzen zu sein, welches das Wesen des Menschen wirklich und wahrhaftig versteht. Man muss nicht versuchen, mir weiszumachen, dass dies an der Liebe des Einser-Abiturienten zum Menschen und seiner Schilddrüse liege. Es ist etwas anderes, Strahlendes.

Arzt und Patient I

Das Arzt-Patienten-Verhältnis! Es ist ein Wunder der Evolution. Ludwig XIV., Sonnenkönig, ließ sich von seinen Ärzten sämtliche Zähne samt einiger Teile des Kiefers entfernen, vorsorglich gegen Karies. Er saß dank steter Hilfe seiner Mediziner auf dem Thron in seinen Exkrementen, stank und litt wie ein Tier, formvollendet, zum Ruhme der Medizin, bis zum Ende. Hätte es die AOK gegeben, sie wäre stolz auf ihn.

Arzt und Patient II

Ja, das Vertrauensverhältnis! Dieses menschliche Miteinander! Zweiundzwanzig Jahre lang haben Sie sich, lieber Patient, in dieses beige tapezierte Wartezimmer geschleppt. Sie haben in den Illustrierten geblättert, die Vorsorgeplakate angestarrt und die Protestnoten gegen die sozialistische Vernichtung des freien Berufs. Sie sahen drei Sprechstundenhilfen kommen und gehen, die alle nur Vornamen hatten. Sie haben Ihrem Arzt alles erzählt. Er hat in Ihre Seele geschaut und in Ihre Vagina, in Ihren Kehlkopf und in Ihren Enddarm. Am Ende des gemeinsamen Wegs rufen Sie an, um ein neues Treffen zu vereinbaren. Und jemand sagt Ihnen, dass der Herr Doktor seit vier Monaten im Ruhestand auf Ibiza sei. Er hat Ihre Geheimnisse an den Nachfolger verkauft und Ihnen zum Abschied nicht einmal eine Postkarte geschickt.

Arzt und Patient III

Lassen Sie den Arzt Ihres zukünftigen Vertrauens eine kleine Erklärung unterschreiben, in der er versichert, im Zusammenhang mit Ihrer Behandlung von keiner Stelle oder Person zu irgendeinem Zeitpunkt irgendwelche geldwerten Vorteile erhalten oder fordern zu wollen, die mit den Regeln des Sozialgesetzbuchs V (Gesetzliche Krankenversicherung) nicht vereinbar sind. Das wäre ein ähnlich starkes Zeichen des Vertrauens wie die Formulare, die Ihr Arzt Sie selbst unterschreiben lässt. Vertrauen gegen Vertrauen.

Assistenten

An unseren Rechtsfakultäten finden noch immer schaurige Rituale der sadistischen Unterwerfung und der rückgratlosen Submission statt.

Aufklärung

Es gibt anthropologisch wie sozial keine starren Grenzen zwischen Innen und Außen; ebenso wenig zwischen »Natur« und »Aufklärung«. »Moral« als Grundvoraussetzung von »Schuld« und daher auch von Rache ist kein Produkt einer reflektierten Gesellschaft, »Fassade« vor der wilden Natur, sondern deren Voraussetzung.

Augenmaß

Täglich hören wir, der Rechtsstaat müsse aufrüsten im Kampf gegen die tödliche Bedrohung durch den Terror. »Unfassbar« fand die Deutsche Polizeigewerkschaft den Hinweis, man möge bitte bei der Verfolgung terrorismusaffiner Mohammed-Jünger »mit Augenmaß« vorgehen. Da sei, so sprach der gewerkschaftsvorsitzende Kriminalkommissar, aber schleunigst ein Machtwort der Bundeskanzlerin fällig. Eiligst schob die unfassbar Arme nach, sie habe das eigentlich anders gemeint, das sei ja alles ein schreckliches Missverständnis, jedenfalls habe der Bundesminister des Innern alles richtig gemacht. Sie habe das mit dem Augenmaß ja nur mal so sagen wollen. – Härte statt Augenmaß zu fordern, erscheint mir als eine skurrile Reaktion, die befördert, was sie zu bekämpfen vorgibt.

Ausblick

In dieser Zeit, da eine suizidal anmutende Theorie das Strafrecht als Freiheits-Gewährleistungsrecht an jeder neu erfundenen »Lücke« aufzugeben bereit zu sein scheint, dieweil seine Gegner eine Morgenröte des ganz und gar sicheren Staats herbeizufaseln suchen und als angebliche Vollendung einer »Technik« (vulgo: Digitalisierung) feiern, die ihnen als eine Erneuerung der Natur erscheint, ist es erforderlich, nicht nachzugeben. Man muss dem Sog zum Totalen, zum Sicherheitsstaat, zur Einheitsfront der tatsächlich und eingebildeten Reichen gegen die Armen widerstehen.

Auschwitz

Die Deutschen wollten das Wort nicht kennen und nicht lernen. Ihr Führer hatte ihnen lange vor 1939 ausdrücklich ausgerichtet, der heraufziehende Krieg werde »unvermeidlich zur Vernichtung des Judentums in Europa« führen. Genau dafür hatten sie ihm millionenfach ihre Zustimmung zugeheult, sich alberne Arier-Ausweise besorgt und die Halb- und Vierteljuden aus ihren Schulen, Universitäten und Betrieben entfernt, ihnen die Wohnungen weggenommen und die Sparbücher, sie auf der Straße geschlagen und bespuckt und sich gefreut, dass sie sich nicht wehrten. Die deutschen Juden waren gute Deutsche: Weltkriegshelden, Bildungsbürger, Träger der Kultur. Trotzdem mussten sie verderben. Ganz tief drinnen im deutschen Traumgespinst. Unendlich weit entfernt. Fritten fressende Klassenfahrten auf dem Stelenfeld in Berlin. Selfies vor grauen Betonklötzen. Adolf Hitler: vermutlich ein früherer Bundeskanzler.

Ausgleich

Der Mensch kann mit bloßer Rache nicht leben, denn sie erlaubt keine Orientierung und zerstört jeden sozialen Zusammenhalt.

Ausländer

Ist Internetkriminalität »ausländisch«? Wer sind »Ausländer«? Japanische Touristen, amerikanische Soldaten, diplomatisches Personal, illegale marokkanische Einwanderer: Darf man die alle gleich behandeln? Welche Ausländer gibt es bei uns überhaupt? Viele sagen »Ausländer« zu Menschen, die seit Jahrzehnten Deutsche sind, zu Kindern und Kindeskindern von Menschen, die in den 1960er-, 1970er-Jahren nach Deutschland eingewandert sind. Rechtsradikale Einfaltspinsel reklamieren für »Deutsche«, frisch eingereist aus Kasachstan, eine Vorherrschaft gegenüber den Enkeln der Arbeiter, die 1970 aus Anatolien ans Ende ihrer Welt gereist sind, um die amerikanische Automarke Ford in Köln groß zu machen. Nie geht es um Biologie, immer nur um Macht und Ohnmacht.

Ausländer, deutsche

Pegida und AfD sind am Ende nichts anderes als unsere eigenen, deutschen Ausländer.

Ausländerkriminalität I

Man kann den Führern der großen deutschen Parteien einfach nur recht geben: Schluss mit der politisch motivierten Schonung von Ausländern! Knallharte Verfolgung von Verbrechern, die das Gastrecht in Ramstein missbrauchen! Konsequente Ermittlung gegen ausländische Täter, die gegen Recht und Gesetz die Telekommunikation deutscher Frauen abhören! Sofortige Entlassung der Innen- und Justizminister, die es aus politischer Opportunität unterlassen haben, mit der ganzen Härte des Rechtsstaats gegen die Taten von Ausländern einzuschreiten, die von deutschem Boden aus menschenrechtswidrige Entführungen oder Folterungen organisierten, anordneten oder durchführten! »Null Toleranz gegenüber kriminellen Ausländern!«, sprach Sigmar Gabriel. »Es geht darum, alle Möglichkeiten des internationalen Rechts auszuloten, um kriminelle Ausländer in ihre Heimat zurückzuschicken.« Besser kann man das gar nicht sagen.

Ausländerkriminalität II

Der Mallorquiner hält von käsefarbenen, Sangria kotzenden Frauenbelästigern aus Köln ungefähr so viel wie der Deutzer von schwarzhaarigen Handyräubern. Zwei Unterschiede gibt es. Erstens: Die deutsche Männergruppe lässt auf dem Ballermann ein paar Hunderter zurück. Zweitens: Der Ausländer ist im Inland auffälliger. Wenn also zum Beispiel 30 000 blonde Männer mit durchschnittlicher Körpergröße von 1,82 Metern und Durchschnittsgewicht von 105 Kilogramm von

Frankfurt nach Bangkok, Manila oder Saigon fliegen, um dort minderjährige Prostituierte zu erniedrigen und jede flüchtig lächelnde Verkäuferin im Andenkenladen anzugrapschen, dann mag dies dem kleinen thailändischen Mann als »unfassbar« auffallen. Der Deutsche sieht das aber naturgemäß anders.

Außenseiter

In den Augen der Mehrheit erscheint der Außenseiter in einem bürokratischen System regelmäßig als Störenfried, dem, wenn er nicht großes Glück hat, von Faulheit bis Wichtigtuerei alles Böse nachgesagt wird. Dass die Mehrheit immer unrecht habe, ist gewiss falsch. Dass sie immer recht habe, ist noch falscher.

Automobilbau

Das Automobil hat einen Entwicklungszustand erreicht, der dem roher Eier in einem Kristallpalast gleicht, mit der Außenwelt verbunden durch Bitströme unendlicher Sensibilität. Das gilt namentlich für jene Geräte, die speziell für die Büffeljagd ausgerüstet sind und dank hochgelegtem Luftfilter Wattiefen von einem Meter bewältigen.

Automobile

Den Ehrenpreis des Kolumnisten für die Schlagzeile der Woche erhält heute Frau Margarete Stokowski für ihr Werk *Wäre die Vagina doch ein Auto,* veröffentlicht auf »Spiegel online« am 28. April 2016. Frau Stokowski hat Philosophie und Sozialwissenschaften studiert, kennt sich also im Strafrecht gut aus. Die Assoziation »Vagina – Auto« ist metaphorisch ungewöhnlich, um nicht zu sagen: innovativ. Sie stammt von Halina Wawzyniak, Abgeordnete der Linken. Diese sagt: »Wer gegen den Willen des Berechtigten ein Kraftfahrzeug fährt, macht sich strafbar. So einfach kann es sein.« Hieraus folgt: Wer unbefugt eine Vagina benutzt, muss strafbar sein. Ob die Benutzung unbefugt erfolgte, entscheidet das Opfer mit einer Anzeigefrist von 30 Jahren.

Autorennen

Bundes- und Landesministerien der Justiz bekämpfen das Unrecht in Gestalt der sogenannten Strafbarkeitslücke, wo immer eine solche ihr Haupt erhebt. Nehmen wir zum Beispiel Autorennen. Eine unerträgliche Vergeudung sozialer und ökologischer Ressourcen, eine den menschlichen Geist verhöhnende Infantilität der Motivation, eine ritualisiert-entmenschlichte Vollzugskultur von Kai Ebel im feuerfesten Schlafanzug bis zum Boxenluder im Babydoll. Nun könnte man auf die Idee kommen, die *unerlaubten* Rennen könnten am Ende bereits verboten sein, was sich aus ihrem Namen unzweifelhaft ergebe. Das ist aber egal, denn unerlaubte Autorennen gehören nun mal verboten. Es ist schon mal ein Kind dabei ums Leben gekommen. Die 100 Kinder, die ihr Leben bei *erlaubten* Autorennen auf den Bundesautobahnen verströmen, sind da ein ganz unzulässiger Vergleich.

Banden

In manchen Bereichen kann die Justiz nur selten eine »Bande« finden: Betrug zum Beispiel, oder Bestechung. Milliarden von Euro in schwarzen Kassen wurden aufgestöbert, die der Bestechung und Manipulation dienten: Aber »Banden« konnte man beim besten Willen nicht erkennen. Bei der Siemens AG nicht, die systematisch 1,3 Milliarden Euro an Schmiergeld gezahlt hat, bei der CDU nicht, bei den Landesbanken auch nicht. Dabei ist es doch ganz leicht: ein Unternehmer, ein Prokurist, ein Berater: fertig ist die Bande.

Bauer Rupp

Geständnisse sind so viel wert wie das Verfahren, in dem sie abgegeben werden – nicht umgekehrt.

Herr Beck

Da wird doch nicht etwa ein Sieben-Tage-Sechzehn-Stunden-Politiker eine »Substanz« zu sich genommen haben? Ein »schweres Fehlverhalten« hat der Ministerpräsident von Stuttgart 21 diagnostiziert, und Frau Göring-Eckardt hat gesagt, 0,6 Gramm einer verdächtigen Substanz hätten »nicht das Geringste« mit einer liberalen Drogenpolitik zu tun. Es sind also Fachleute am Werk.

Beelzebub

Freiheit und Menschenfreundlichkeit abzuschaffen, damit sie von Verbrechern und Fanatikern nicht verletzt werden können, ist gewiss das Dümmste, was man aus Furcht tun kann.

Befangenheit

Dem Menschen als solchem ist es nicht gegeben, »neutral« zu sein. Wer so etwas will, kann ja versuchen, eine Richter-Maschine zu bauen. Er wird, wenn er intelligent ist, feststellen, dass sie nicht »Neutralität« enthält, sondern »Programm«. Richter-Roboter sind keine Alternative, solange ihr Handeln eines Algorithmus bedarf, der sich nicht selbst erzeugt – was für die nächsten 200 Jahre ziemlich unwahrscheinlich erscheint.

Beratungsgeheimnis I

Jahrzehntelang haben sich Richter in einer merkwürdigen Sicherheit gewogen, welche sich – angeblich – aus dem sogenannten Beratungsgeheimnis und dem Prinzip der Gremienentscheidungen ergeben sollte. Das ist Unsinn. Es gibt kein Beratungsgeheimnis, das stärker wäre als das Verbot, ein Verbrechen zu begehen. Daher ist es im Prozess wegen Rechtsbeugung selbstverständlich nicht unzulässig, Beweis über den Inhalt der Beratung und Abstimmung eines Richtergremiums zu erheben.

Beratungsgeheimnis II

Paragraf 43 Richtergesetz ist nicht dazu da, vorsätzlichen Rechtsbruch zu schützen oder durch Unaufklärbarkeit zu privilegieren. Es gibt keinen schutzwürdigen Bereich der Geheimhaltung von Verbrechen. Das bedeutet, dass es kein aus Paragraf 43 ableitbares Recht eines Richters gibt, als Zeuge die Aussage über den »Hergang« von Rechtsbeugungen anderer Richter zu verweigern.

Besoldung

Die Richtergehälter in Europa sind extrem unterschiedlich. Deutschland liegt, gemessen am Reichtum des Landes, ohne überzeugenden Grund extrem zurück. Plausible Gründe für die Schäbigkeit der Besoldung zu nennen hat die Politik hierzulande gar nicht nötig: Sie kann sich auf eine in Deutschland ausgeprägte Neidkultur stützen, die einen Fernsehstar oder Fußballspieler mit fünf Millionen Jahreseinkommen als »einen von uns« feiert, aber die geringste Abweichung im sozialen Nahraum mit gnadenloser Missgunst verfolgt.

Besorgt

In Deutschland gab es schon immer besorgte Bürger: gegen italienische Mopeds, spanische Schmalzlocken, türkische Neudeutsche. Schauen Sie sich, liebe Leserinnen jenseits der 50, ein paar Aufzeichnungen aus Ihren Jugendtagen an: als Sie mit brennendem Herzen vor dem Dorfkino auf und ab gingen und auf den schönen

Jungen aus dem fremden Land warteten. Für die Bildungsbürger unter den besorgten Bürgern empfehle ich eine deutsche Operette: *West Side Story*. Sie ist 65 Jahre alt. Ihr Schöpfer war ein Jude aus der Ukraine.

Betrug I

Hier und heute herrscht die Moderne. Es geht jetzt um den wahren Kern unseres Menschseins, also nicht um die Liebe, sondern ums Geld. Als Betrüger wird nicht bestraft, wer eine andere Person durch boshafte Lügen um ihr Lebensglück bringt, sondern wer einer natürlichen oder juristischen Person durch »Vorspiegelung falscher Tatsachen« einen Vermögensschaden zufügt. Der Mindestschaden liegt daher nicht bei einer durchweinten Minute, sondern bei einem Cent.

Betrug II

Im Bundesland Niedersachsen haben Asylbewerber unter verschiedenen Identitäten durch Täuschung mehrfach Leistungen aus Sozialkassen bezogen. Ein solches Tun wäre strafbar: als sogenannter Betrug. Es gibt Kreditbetrug, Warenkreditbetrug, Einmietbetrug, Stoßbetrug, Anlagebetrug, Bestellbetrug, Zechbetrug, Trickbetrug, Gewinnbetrug, Telefonbetrug, Versicherungsbetrug. Der Betrüger sitzt im Bürger und in der Bürgerin wie der Feuerteufel in der Peperoni. Die Schadenssumme in Niedersachsen soll sich auf unvorstellbare 3 Millionen Euro aufgetürmt haben. Das ist mehr als acht Straßenlaternen in Wernigerode an jährlich 200 Sonnentagen in 100 Jahren an Ökostrom verbrauchen! Das ist der Gegenwert einer Zweizimmerwohnung in der Elbphilharmonie! Deutschland ist fassungslos: Diese Ausländer schrecken vor nichts zurück!

Beweis

Schon immer haben die Menschen, die es anging, intensiv und ernsthaft darüber nachgedacht, wie man wohl die Wahrheit von der Lüge, von der Fantasie oder der Einbildung unterscheiden könne. Die Frage kann dahinstehen, wenn es um Gutenachtmärchen oder die Stimmung am Stammtisch geht: Da kann der Riese gar nicht groß genug sein, den man besiegte. Aber dann kam die Vernunft und sagte: Es gibt keinen Grund, warum ein Lügner, wenn man ihn ins Wasser wirft, wieder auftauchen sollte, ein Wahrhaftiger aber nicht. Kaum gedacht, kam man dahinter nicht mehr zurück, so wenig wie hinter die Menschenrechte. Nun also die Wissenschaft! Inquisition! Marter! Natur! Wo zum Teufel sitzt die Wahrheit zwischen all diesen Knochen und Muskeln und Sehnen?

Beweisantrag

Häufig wird auf Beweisanträge nach dem Muster reagiert: »Welcher der sieben gesetzlich zulässigen Ablehnungsgründe könnte hier passen?«, und nicht, wie es richtig wäre: »Was könnte die beantragte Beweiserhebung bringen?«

Beweisermittlung

Lange her, aber doch noch so nah, dass wir viel darüber wissen, da war der Beweis eine unsichere Angelegenheit. »Beweisregeln« bestimmten viele Jahrhunderte lang den Prozess: Was drei Jungfrauen beschworen, war die Wahrheit, oder was sieben freie Männer bezeugten. Das Wort eines Bauern war so viel wert wie das von zehn Leibeigenen, ein Ritter als Zeuge taugte dem Richter so viel wie zehn Kaufleute. So kann man es machen. Aber der Zweifel nagt, wenn jeder weiß, dass der Ritter ein seniler Trunkenbold ist und der Kaufmann ein cleverer Strippenzieher und dass *Gott* keine Gewalt hat über den Charakter der Menschen und draußen vor der Tür *Galilei* das Weltall neu konstruiert und *Newton* berechnet hat, warum der Stein nicht in den Himmel fliegt.

Beweisführung

Wir müssen uns überlegen, wie wir die Täter von den Nichttätern unterscheiden: nicht in der Theorie, sondern praktisch. Das ist im Grundsatz deutlich schwieriger, als man annehmen sollte. Denn wenn wir auch »Taten« definieren mögen, von denen wir annehmen, sie hätten eine Strafe verdient, so will doch jeder von uns immer der Strafende sein, nie der Bestrafte: Ausgegrenzt werden sollen die anderen. Da diese aber auf dieselbe Idee gekommen sind, stellt sich die alles entscheidende Frage, wer, wie, mit welcher Autorität, aufgrund welcher Rationalität darüber entscheidet, was »richtig« ist an den Behauptungen von Recht und Unrecht.

Beweiskraft

»Beweis« ist das, was unsere Rationalitätsvorstellung als solchen akzeptiert. Daran kann die Erkenntnis, dass die Mathematik auch in einer Million Lichtjahre Entfernung von der Erde gültig ist, nichts ändern. Denn wir können mit der Mathematik alles errechnen – außer uns selbst. Das mag für die einen eine wahrhaft bittere Erkenntnis sein, für die anderen Grund zur Freude. Dem Strafprozess ist es seit Jahrhunderten gleichgültig. Er sucht sich seinen Weg in den Tunneln des CERN wie in den Sümpfen des Aberglaubens.

Blasphemie

Jeglicher denkbare Gott mag alles Mögliche benötigen, aber gewiss keinen Straftatbestand im deutschen Strafgesetzbuch, der seine »Lästerung« verbietet.

Herr Böhmermann

Wenn ich es richtig verstanden habe, soll Herr B. versucht haben, den Eindruck zu erwecken, als wolle er Herrn E. beleidigen. Kaum hatte er das getan, indem er Herrn E., einen insoweit unbescholtenen Mann, als perversen, zoophilen Kinder- und Ziegenschänder bezeichnete, versuchte er, den Eindruck zu erwecken, er habe keinen rassistischen Dreckkübel ausgeschüttet, sondern ein mildes Werk der Aufklärung vollbracht, welches dem ziegenhütenden Türken nahebringen sollte, dass man in Deutschland nicht öffentlich Menschen als perverse Ziegenficker bezeichnen darf. Das hätte er dem Herrn E. eigentlich gar nicht erklären müssen, denn dieser wusste es schon: Bei ihm zu Hause ist es auch strafbar.

Das Böse

Das »Böse« ist eine Kategorie, die dem Strafrecht, wie wir es verstehen, entzogen ist. Wir erwischen das Böse begrifflich nicht, wenn wir uns nicht in religiöse Gefilde verstreuen. Die wiederum sind einfach, da beliebig und überall: Das Soziale und das Unerhörte und das unerhört Soziale erzeugen im engen Schlauch der Erkenntnis einen Überdruck, der zum Platzen der Kapillaren führt. Heraus spritzen: Ewigkeit als Sekret der Furcht; Religion als Traum der Angst; das Böse als Verheißung eines Lichts. Zu viel Magensäure.

Borussia

Der Bundesminister der Justiz sagte: »Sollte der Beschuldigte tatsächlich aus bloßer Geldgier versucht haben, mehrere Menschen zu töten, wäre das einfach grauenhaft.« Und die Bundeskanzlerin sprach unter dem Logo eines Heizungsbauers über das widerwärtigste und abstoßendste aller Handlungsmotive: das Gewinnstreben. Denn es hatte noch niemals zuvor in der Geschichte der Habgier jemanden gegeben, der durch den Einsatz von Waffen dafür gesorgt hat, dass sich irgendein Rohstoff verteuerte, verbilligte, verknappte oder verflüssigte, und der oder dessen gute Freunde an dieser schicksalhaften Entwicklung eine

Million oder 100 Milliarden Taler verdient haben. Es ist eine dermaßen abartige, krankhafte, unvorstellbar widerliche Motivation, den Tod von Menschen in Kauf zu nehmen, um daran Geld zu verdienen, dass die Tat von Dortmund ein ewiges Menetekel und ein singuläres Ereignis in der Kriminalitätsgeschichte bleiben wird. Alles andere würde die GSG 9 ja auch gar nicht erlauben.

Bundesrichter

Jeder vernünftige Mensch sollte annehmen, dass mit der Wahl/Ernennung zum Richter an einem Obersten Bundesgericht die Sache mit der Beförderung dann auch einmal auf sich beruhen könnte: Hat man nicht alles erreicht? Das Gegenteil ist der Fall: Das Karussell »Wer wird wann wo was?« dreht sich weiter wie zuvor, bloß ein bisschen gravitätischer vielleicht.

Herr Buschkowsky

Lieber Herr Buschkowsky, wir wollen nicht fragen, wann und woher Ihre eigenen, sehr geehrten Vorfahren nach Deutschland eingewandert sind und ab wann und warum sie sich »wir« nannten und welche Vereinbarungen sie damals unterschrieben haben. Es stellt sich sodann die interessante Frage, ob der Integrationsvereinbarungsvertrag rechtswirksam auch für Folgegenerationen abgeschlossen werden kann. Ich würde sagen: Nein.

Busenwunder

Der Kolumnist hat niemals das Geringste gegen Busenwunder gehabt oder geäußert. Nicht die Brustvorzeigerin ist pervers, sondern die Gesellschaft, die sie dazu macht (in memoriam Rosa von Praunheim). Nicht das Einkommen der Brustvorzeigerin ist verächtlich, sondern die moralinverseucht-spießige Widersprüchlichkeit von Geilheit und Verachtung, die unsere Gesellschaft – Männer wie Frauen – pflegt und die solch schöne Berufe hervorbringt.

Comedy

»Irre« ist, wenn einer die Hand zwischen zwei Knöpfe seines Freizeithemds schiebt und sich ein Papierschiffchen aufsetzt und sagt, Herr Doktor, jetzt lassen Sie doch mal dieses Waterloo, und der Doktor erwidert: Für Sie immer noch Dr. Wellington, wenn ich bitten darf.

Compliance

Jeder weiß: Was der Arzt rät, muss man tun, und was er anordnet, widerspruchslos befolgen. Wie anders wären wir sonst ein Volk von durchtrainierten Nichtrauchern, Antialkoholikern, Körnerfressern und Gemüsestick-Dippern geworden? Die Mentalität des bedingungslosen Glaubens an das Grundschlechte und das Grundgute zugleich ist nicht bloß der Mutterboden des Katholizismus, sondern auch der sogenannten Compliance.

Cyber-Ministerin

Unsere Bundesministerin der Verteidigung hat im Rahmen einer Feierstunde die seit 1. April 2017 bestehende »Streitmacht CIR« in Bewegung gesetzt, eine Truppe von 13500 furchtlosen Tastaturbedienern. Das ist schon deshalb erfreulich, weil man bei den Jahresempfängen der Bürgermeister von Gemeinden mit Zweigniederlassungen einen »Cyberhauptmann der Reserve« wird begrüßen können, was ein bisschen wie »Räuberhauptmann« klingt.

Deal

Gestehe, sagt der Richter beim illegalen sogenannten Deal hinter den Kulissen, dass du es warst. Und wenn du gestehen solltest, verspreche ich dir, dass das Gericht dir glaubt. Ergebnis: Du kriegst zwei Jahre weniger als wahrscheinlich verdient. Als Gegenleistung dafür, dass ich dir dein erlogenes Geständnis glaube, legst du keine Revision ein. So läuft der »Deal« im Strafprozess. Das kann man gut finden, da es doch angeblich niemandem schade oder weil es zum »Rechtsfrieden« führe oder weil man im Leben nun mal einen pragmatischen Weg gehen müsse. Man kann aber auch sagen: Das ist der Anfang vom Ende der Wahrheit und des Rechtsstaats.

Depression

Nicht Verstimmungen des Alltags, sondern jenes jahrelange, verzweifelte Niedersinken vor einer alles verschlingenden grauen Stumpfheit, der Gefühllosigkeit, das Anspannen des Willens zum Sinn bis zum Äußersten, die Sehnsucht nach dem Ende eines verloren gewussten Kampfs um die kleinen Momente, da der graue Vorhang sich öffnet und die Welt strahlend im Licht liegt.

Deregulierung

Wo große Mengen Geld in Solidarsystemen bewegt werden, bedarf es eines großen bürokratischen Apparats, um das System in Bewegung zu halten und die Ströme zu verteilen. AOK-Vorstand: 250 000 € per annum, damit er auf Augenhöhe ist. Da schmunzelt der Chefarzt für Radiologie, denn das hat er im Monat. Wo der Kuchen groß ist, ist auch die Konkurrenz groß. Wie viele Apotheken pro Hektar ernährt eine deutsche Kleinstadt? Wie viele Dermatologen können vom alljährlichen Check der zarten Membran zwischen ihrem Ich und der Außenwelt leben? Wie viele Medikamente gegen Bluthochdruck schluckt der Markt? Wo die heiligen Grundsätze des freien Marktes im Dämmerlicht verblassen, beginnt das geheime Leben der Korruption; das ist beim Tiefbau so und beim Flughafen, beim Teststreifen für Urinproben und beim Herzkatheter.

Deutschland

Halten wir fest: Die Welt ist ein kalter Ort. Der deutsche Glühweintrinker bekommt von ihr nicht mehr, was er will. Er träumt seit 1804 schwer daran, und es ist ihm kein bisschen witzig zumute. Alles zerfällt ihm in diese Gischtnebel von Gesichtern und Vergleichen und Rücktritten und neuen Gesichtern und Worten ohne jede Wärme. »Ich liebe Perwoll« ist keine Kinderpornografie, sondern so etwas sagt der Regierungssprecher, wenn er gut drauf ist. Und selbst dies zu dokumentieren, hält die Presse ein Plätzchen bereit.

Deutschland, betrogen

Deutschland besteht aus einem Haufen Betrogener. Wir haben den Wartburg gebaut und den Golf, die Eisenbahn erfunden, die Ökologie und die Rassereinheit. Wir haben uns hie und da geirrt, uns aber, wenn man es genau nimmt, persönlich fast nichts zuschulden kommen lassen. Wir haben unsere Pflicht getan, wie es unser großer Lehrer Kant gefordert hat, der bei uns allen über dem Flatscreen steht, goldgeprägt und zerlesen: Pflicht als Freiheit, Moral als Pflicht, der gestirnte Himmel als das Selbst. Wir haben den Hund gewollt und den Wolf bekommen, sagte Bärbel Bohley.

Deutschland, geistig

Das ist das Schöne am Deutschsein, dass es sich nicht aus Tatsachen speist, sondern aus einem Geist, der dann wiederum Tatsachen schafft, welche den Geist hervorbringen und so fort. Ein Grieche oder ein Araber verabredet sich Punkt 20 Uhr vor dem Kino und wartet dann frustriert, bis die Dame des Herzens gegen 21 Uhr herbeischlendert und nichts dabei findet. Dann denkt er sich: In Ingolstadt oder Wolfsburg wäre mir das nicht passiert, da herrscht Ordnung. Zum Ausgleich beginnen die 20-Uhr-Filme in den genannten Ländern daher auch erst um 21.30 Uhr.

Deutschland, neu

Das »Mord-Trio« vom NSU hat zweifellos das Zeug zum Klassiker, und wir werden es gewiss länger in Erinnerung behalten als die anderen Trios: die drei Musketiere; die drei von der Tankstelle; die drei Männer im Schnee. Dahlke, Lüders, Biederstädt. Wie war Deutschland so neu damals im Jahr 1955! All die Juden, die verfaulten Leichen, die verbrannten Kinder, die halben Beine und drei viertel Leben: vorbei, vorbei, verscharrt und vergessen, und neu blühte die holländische Tulpe auf den Gräbern. Der Käfer fuhr über die Alpen: ein Boxermotor, unverwüstlich, so einfach, das Ventilspiel einzustellen. Isabella und Lorelei und Drachenfels und ein ewiger Franzose mit Käse! Der Jude war weg: sprachlos, im Mittelmeer.

DKP

Ja, so war das, auf dem DKP-Stadtfest. Fußnote für die Jugend: »Deutsche Kommunistische Partei«; früher eine Art analoges Portal aus überwiegend harmlosen Friedenskerzenschwenkern mit Hang zum Proletkult, andererseits Josef Stalins letzter Vorposten. Ausgerichtet wurde das DKP-Fest auf jeden Fall von der »UZ«, einem schweren Fall früher Qualitätspresse, hintenherum finanziert von einer nicht genannt werden dürfenden Exportagentur, zeitweise ansässig am Tegernsee. Vorn auf der Bühne jedenfalls, Anno Domini 1972 ff.: Herr Süverkrüp mit Klampfe, Herr Mies, ein ganz verwegener Geselle, sowie in Latzhose erste Vorbotinnen der unbefleckten Empfängnis. Grußworte hier, Bruderküsse dort, Seit an Seit mit der IG Metall. Nimm hier die Wurst, Genosse! Apfelwein und Pils.

Herr Dreher

Einer, der sich um die Aufarbeitung der NS-Verbrechen in besonderer Weise verdient gemacht hat, war der Ministerialdirigent Eduard Dreher, ein tüchtiger Jurist und berühmter Strafrechtskommentator. Er war seit 1937 NSDAP-Mitglied und ab 1940 Erster Staatsanwalt beim Sondergericht Innsbruck. Karoline Hauser, Josef Knoflach und Anton Rathgeber sind die Namen dreier seiner Opfer. Er wurde 1947 »entnazifiziert«, arbeitete von 1951 bis 1969 im Bundesministerium der Justiz, zuletzt als Unterabteilungsleiter. Im Jahr 1968 widerfuhr ihm eine wundersame Panne. So kam es, dass in einer sagenumwobenen Sitzung im Jahr 1968 in der Unterabteilung des Herrn Doktor Dreher irrtümlich ein Gesetz konzipiert wurde, das dazu führte, dass am 1. Oktober 1968 schlagartig alle Beihilfetaten von NS-Verbrechern verjährt waren.

Drei zu zwei

In der Praxis der Strafsenate des BGH werden 550 Sachen pro Jahr beraten. Gibt es Meinungsdifferenzen, wird gelegentlich lange diskutiert. Wenn am Ende eine Stimme gegen vier steht, wird geklärt, ob der eine sich fügt und einen »einstimmigen« Beschluss unterschreibt. Wer das nie oder selten tut, gilt als »schwierig«. Anders gesagt: Es wird informell erwartet, dass man sich an die Regel hält: »Vier zu eins ist einstimmig«. Und in vielen Fällen gilt: »Drei zu zwei ist einstimmig«.

Drogen, bekämpft

Das Betäubungsmittelstrafrecht in Deutschland produziert Elend und trägt es fort und fort. Nichts ist in den letzten 40 Jahren besser geworden: Weder gibt es weniger Süchtige noch weniger Straffällige noch weniger soziale Probleme. Was es gibt, ist eine gigantische, milliardenverschlingende Prohibitionsindustrie, die die Preise hoch, die Qualität der Drogen miserabel und das Elend der Abhängigen konstant hält. Und eine Polizei-Industrie, der zur immerwährenden »Bekämpfung« fast alles erlaubt wird.

Drogenkanzler

Der Bundeskanzler der Bundesrepublik Deutschland gelobte beim Europarat-Gipfel von Tampere feierlich, »die Geldwäsche auszumerzen, wo immer sie sich zeigt«. Das war im Jahre 1999 nach Christi Geburt, also vor unvordenklicher Zeit. Mit dem Ausmerzen ist es – wem sage ich das! – nun so eine Sache in Deutschland. Aber es geht. Da braucht man erst mal einen Plan, und dann ein Gesetz, und dann ein paar Ausführungsbestimmungen, dann läuft die Sache. Das wäre doch wohl gelacht, wenn es der deutschen Polizei nicht gelänge, das Verbrechen auszumerzen!

Durchregieren

Wir wissen ja, dass es so eine Sache ist mit dem »Durchregieren«: Es hat bei Napoleon nicht wirklich lange geklappt, bei Wilhelm II. nicht und auch bei Konrad Adenauer nur ein paar sich hinschleppende Jahre. Die 1000 Jahre dazwischen darf man sowieso als den größten Durchregierflopp der Weltgeschichte bezeichnen.

Herr Edathy

Wäre ich Inquisitor auf der Suche nach dem nächsten vom Teufel der Wollust Besessenen – ich wüsste, bei wem ich mit der Folter anfinge: bei denen, die am lautesten über Edathys »Buben« und die Opfer der süßen 14-Jährigen wehklagen. Die würden vor mir kriechen und heulen und alle ihre Bilder und Fantasien zugeben und um Vergebung dafür bitten. Dann würde ich sie vor einen Spiegel führen und sagen: Vergib dir selbst!

Ehre

In einer Kultur, die sich häufig nur mehr in schrillen Bildern, Schlagzeilen und Parolen verständigt oder auf Posts von 140 Zeichen reduziert, verflüchtigt sich vielfach auch jede Achtung vor der Person des anderen, weil jeder jeden nur noch als Hindernis auf irgendeiner Überholspur wahrnimmt.

Ehrenrettung

Das Recht kann für die Ehre nur wenig Heilsames tun. Es kann (und muss) immer behaupten: Jawohl, es gibt eine Gemeinsamkeit der Ehre, der Anerkennung, des Respekts. Sie muss gegen alle Dummheit, Verbohrtheit, Rückständigkeit durchgehalten und verteidigt werden.

Einfühlung

Strafrecht Besonderer Teil: »Wie hat sich T strafbar gemacht?«, heißt die Fallfrage. Es erhebt sich der Jurastudent und spricht: T ist wegen Mordes zu bestrafen. 15 Punkte! Aber was entspinnt sich dahinter, im unerforschten Synapsenwald? Welche Monster kommen empor an die nächtliche Oberfläche jenes finsteren Sees unserer Träume, dunkel und blitzend, eklig und triumphal, furchtsam und verschlingend? Wie stellt sich der Jurastudent den Täter und wie das Opfer vor? Und wie verknüpft er diese Bilder mit den 1000 Filmen, die er gesehen, und den 1000 Fantasien der Überwältigung, die er geträumt, und den 1000 Wörtern der Lebenswelt, die er dazu gehört hat?

Er lernt, »mittelbare Täterschaft« zu sagen oder »untauglicher Versuch«, »Bande« oder »Bereicherungsabsicht«. Kein Laie kann ihm folgen in das Felsengebirge. Er oxidiert das Leben in Figuren, die Emotionen in Theorien, die Grausamkeiten in Symbole. Er lernt, normativ zu denken: Vor dem Sein kommt das Sollen. Und mit der Kraft seiner Worte wird er Teil des Geheimnisses: *»Mutabor!«* Die ganze Gewalt dieser Welt wird herunterfallen auf T, den Täter. Wir werden ihn vernichten, verzehren, verbrennen. Denn wir sind die Richter.

Einserabitur

Warum, meinen Sie, studieren Tausendschaften von Einser-Abiturienten Medizin? Glauben Sie ernsthaft, die Jungs und Mädels können nicht erwarten, Ihre eingewachsenen Zehennägel zu kurieren oder das unangenehm schilfernde Ekzem in Ihrem Ohr? Meinen Sie, man müsse besonders gut im Auswendiglernen sein, um Sie zu verstehen, Ihr Leben und Ihren Tod? Machen Sie sich bitte keine romantisch-aufrührerischen Gedanken über gierige Pharmakonzerne und glitzernde Ärztehäuser. Denn Sie selbst wollen es ja so. Versetzen Sie sich hinein in die Träume Ihres Facharztes für Augenheilkunde, dem nichts auf den Weg gegeben wurde als ein Abitur mit eins Komma null, also der garantierten Erbanlage zum Heilen, Trösten und Versorgen. Was macht so einer, 45 Jahre alt, verheiratet, drei Kinder aus zwei Ehen, in der 200-Quadratmeter-Praxis in der Innenstadt? Wie viele fesche Helferinnen darf er Ihnen anbieten? Wie viele Zimmerspringbrunnen sollten plätschern, damit Sie sich rundum betreut fühlen? Wie soll er das Equipment jemals abbezahlen?

Einwanderer

Einwanderer machen viele Fehler: Sie fürchten sich; sie halten starr an den Traditionen ihrer Heimat fest; sie flüchten sich in Gewohnheiten aus der alten Kultur; sie reden nur mit sich selbst und in ihrer Muttersprache. Das alles ist falsch und manchmal auch dumm, aber überaus menschlich und verständlich. Die deutschen Auswanderer des 19. Jahrhunderts haben sich in den USA oder in Australien kein bisschen anders verhalten: Stille Nacht, Osterhase, erzgebirgische Schnitzerei, Sepplhut. Noch heute hüpfen bezopfte deutsche Mädels in vierter Generation in Namibia herum, und ihre Großeltern machen ihnen weis, so sei Deutschland.

Elendsjournalismus

Ich habe nichts dagegen, gegen Elends- oder Armutsprostitution zu sein. Im Gegenteil! Aber warum soll der »Kampf« nicht der Armut und dem Elend gelten, sondern der Prostitution, die für randständige Gruppen immerhin doch noch ein Ausweg ist?

Elendsprostitution

Welches Elend meinen die Bekämpfer der »Elendsprostitution« eigentlich? Ich kenne Menschen, die sind Elendszeitungsausträger oder Elendstiefbauarbeiter. Es soll auch schon Elendsbergarbeiter und Elendsautomobilarbeiter gegeben haben. An den Kassen von 10 000 Supermärkten sitzen Elendskassiererinnen, und gefühlte zweihunderttausend Elendsfriseurinnen föhnen und färben täglich die Outfits von Menschen zusammen, die sich für fünf Euro die Stunde ihre Schuppen auswaschen lassen. Wenn die Elendsfriseurin die Chance kriegt, in der Stunde 200 zu verdienen, wird sie sich das eventuell überlegen. Und man kann wirklich nicht sagen, diese Überlegung könne vor der Kalkulation einer durchschnittlichen »Emma«-Redakteurin nicht bestehen.

Elternstolz

Es ist nicht alles Schnee, was glitzert, und nicht alles falsch, was wehtut. Das »Staatsexamen« ist ein echtes Wunderwerk der Evolution und der Sublimierung. Es verlangt vom Kandidaten, größtmögliche Intelligenz und Kreativität in acht mal fünf lebensentscheidenden Stunden herunterzufahren auf die größtmögliche Anpassung und Variabilität. Das sollten Sie, liebe Eltern, fortan immer bedenken: Hier, in diesem Moment, in diesem Triumph, verwirklicht sich alles, was Sie Ihrem Kind je angetan haben. Von jetzt an ist es, für alle Zeit, wie Sie. Da darf man schon einmal eine gemeinsame Träne der Freude vergießen!

Frau Emcke

Für was noch mal ist Carolin Emcke der Nobelpreis für Mikroliteratur verliehen worden? Welchen Text von ihr lasen Sie als vorletzten, und welchen als letzten? Und was davon wissen Sie noch? Nehmen wir einen Apfelbutzen: abgegessen, teilweise bräunlich oxidiert, mit Spuren von Zahnfleischbluten. Charles Bukowski, ein unbekannter Dichter, hätte dazu gesagt: »Dein Schlüpfer, meine Seele: auf beidem eine Spur von Scheiße.« Der Preisträgerin würde so etwas nicht über die Lippen gehen.

Emma

Ich weiß nicht genau, ob es medientheoretische Fachausdrücke für den »Emma«-Sprech gibt. »Kontrafaktische Infamie« vielleicht; oder »unbelehrbare Hetze«. Die »Analyse« des Mediums besteht allen Ernstes in der Behauptung, es würden von nicht genannten Kräften in und mithilfe der Justiz zielgerichtet und bewusst Exempel statuiert, um Frauen zu bedrohen, die es »wagen, sexuelle Gewalt zur Anzeige zu bringen«. Ein solches Geschwätz erscheint mir als Ausdruck eines geschlossenen Wahnsystems.

Empathie, geträumt

Die Strafjustiz ist tatsächlich »abgehoben« und steht nicht unmittelbar im Leben. Sie produziert und fördert Charaktere, die karikaturhaft starr, beseelt vom Glauben an die eigene Unfehlbarkeit sind, zerrissen zwischen höchsten Postulaten und geringster Leidenschaft, »Professoren Unrat« am Fließband. Aber was ist die Alternative: Der »besorgte Bürger« schreit nach dem Dorfrichter Adam, der sich mit Frau Marthe Maischberger im Dreck wälzt und einen Moment später nach dem Revisor schreit.

Empathie, sportlich

Massen und Massenmedien erzeugen nicht Empathie, sondern ein Gefühl darüber: eine fantastische, irreale Vorstellung davon, wie es sein könnte, dem 50-Millionen-Stürmer und seiner Schulter so nahe zu sein wie ein Bruder dem anderen. Derartige Simulationen zu erzeugen ist Aufgabe der Moderatorin, deren Expertentum sich darin erschöpft, Schlüsselbegriffe in den Raum zu werfen. Jeder Sportredakteur weiß natürlich, dass Fragen wie »Wie enttäuscht sind Sie?« oder »Warum hat heute das letzte Quäntchen an Siegeswillen gefehlt?« vollkommen hirnrissig sind. Aber darauf kommt es nicht an.

Erfolg

Das Schöne an der Krankheitsindustrie ist aus der Sicht der Anbieter, dass jegliche Erfolgskontrolle im großen Maßstab praktisch ausgeschlossen ist. Oder wissen Sie, ob die deutsche Bevölkerung im letzten Jahr gesünder oder kränker geworden ist? Niemand weiß das.

Erkenntnis

Es ist leicht, mittelalterliche Wahrheitsprüfungen für puren Aberglauben zu halten, aber ziemlich schwierig, sie für illegitim zu erklären. Dass man im Jahr 850 oder 1210 die Schriften der Herren Descartes und Kant noch nicht gelesen hatte, ist eher Pech als Schuld. So geht jede Gesellschaft auf dem jeweiligen Stand ihrer Struktur und dem daraus folgenden Höchststand von Erkenntnisfähigkeit mit der Wirklichkeit und der Wahrheit über Vergangenes um.

Ernennung

»Selbsternannt« – das ist des Deutschen Vernichtungswort schlechthin: »selbsternannter Philosoph«, »selbsternannter Sachverständiger«, »selbsternannter Kritiker«! Am meisten hasst der Deutsche die »selbsternannten Experten«. Obwohl doch kein Vorabendprogramm mehr ohne Experten auskommt: für Vanillesauce, Kindesmissbrauch, gefüllte Doraden oder Terrorismus. Der deutsche Zweifler und Denker liebt das »Fremdernannte«. Dann allerdings ist ihm alles Weitere egal.

Erste Prüfung

In der »Ersten Prüfung« haben die Kandidaten »Fälle« zu lösen. Der Sachverhalt steht – in eklatantem Gegensatz zum praktischen Leben – fest; das anzuwendende Recht ist – ebenfalls im Gegensatz zum praktischen Leben – ohne jegliche Hilfsmittel aus auswendig gelernten Regeln und Definitionen zu entwickeln. Kein einziger Jurist arbeitet in Wirklichkeit so.

Exekution, einstweilen

»Mutmaßlich« ist kein richtiges deutsches Wort mehr. Es ist eine Drohung, die sich vom Sinn ihrer sprachlichen Quelle fast vollständig emanzipiert hat. Kein deutschsprachiger Mensch redet im Alltag vom mutmaßlichen Wetter, Lottogewinn, Fernsehprogramm oder Bratwurstinhalt. »Mutmaßlich« ist eine Vokabel für die denkbar sicherste, presserechtlich aber noch gerade so akzeptable Vorab-Exekution.

Fachkunde I

Offenbar qualifiziert die bloße Tatsache, eine Frau zu sein, Wissenschaftlerinnen beliebiger Fachgebiete dazu, profunde, unwiderlegliche »Überzeugungen« zu generieren über Einzelheiten strafrechtsdogmatischer und -systematischer Behandlung von Sexualstraftaten. Da scheint mir ein ausgeprägtes Selbstbewusstsein ohne Fundament am Werk.

Fachkunde II

Die Justiz solle, so brüllt es uns der Mainstream jeden Tag entgegen, gefälligst mehr Empathie empfinden und irgendwie zeigen. Machen Sie den Selbsttest: Beantworten Sie die Frage, ob Sie selbst schon in den Grundanforderungen Ihres Berufs versagen, während alle anderen, die sich mit diesen Anforderungen gelegentlich zehn Minuten lang befassen, sie perfekt beherrschen!

Fahrerflucht

Dass Fahrerflucht zu bestrafen sei, dürfte eine der gesichertsten »herrschenden Meinungen« sein, die wir im Strafrecht haben: Eher noch leuchtet dem Deutschen die Flucht nach einem Mord oder Bankraub als menschlich nachvollziehbar ein als die nach einer Ordnungswidrigkeit mit Lackschaden. In Neapel usw. ist das selbstverständlich anders, abgesehen davon, dass der Lackschaden bei automobilen Erzeugnissen solcher Länder zur Grundausstattung gehört.

Fanatiker

Ich bin vielen Fanatikern begegnet: Pol-Pot- oder Mao-Anbetern, Bhagwan-Jüngern, Getreidebrei-Fressern, religiösen Eiferern jeder Art, »Bewegungs«-Fetischisten allerlei Couleur. Auch unter Feministinnen gibt es eine Menge Eiferer. Nichts gilt ihnen außer der eigenen Wahrheit, die sie mit verstellten Mikroskopen noch aus den Fußnoten der harmlosesten Werke filtern. Jeder Kritiker ist ein Feind, jedes Gegenargument eine neue Kriegserklärung; eigene Fehler sind schlimmstenfalls unwichtige Verirrungen auf dem Weg zum Paradies.

FDGO

»Freie demokratische Grundordnung«! Was haben wir uns daran abgearbeitet, liebe Kinder! Diejenigen, die diese Formel vor 60 Jahren prägten, waren teilweise so wenig demokratisch und frei gesinnt, wie man es sich nur vorstellen kann. Trotzdem hauten sie ein paar

Grundrechte heraus und ein paar Grundsatzentscheidungen zu deren Konkretisierung, die aller Achtung wert sind.

FJS

Nehmen wir den »Nationalsozialistischen Kraftfahrerbund«. Eine Superorganisation, mit deren Segen der Arier hin und her fuhr, wo es ihm gefiel. Man lobte das Drehmoment, prüfte den Rrrreifendruck, schob die Brille auf die Nase und eroberte die ganze Welt, immer geradeaus auf der Reichsautobahn. Franz Josef Strauß zum Beispiel gehörte ihm an, war aber nicht dort Ehrenmitglied, sondern bei den Gebirgsschützen. Er war ein Politiker, der für jede Beleidigung anderer zu haben war, selbst aber jeden anzeigte, der ihn beleidigte. Verwandtschaft mit Bernadette von Lourdes und Abstammung aus einem togolesischen Königsgeschlecht wurden behauptet, aber nicht bestätigt. Ihm wird die eigenhändige Erbauung der Walhalla sowie sämtlicher Bauwerke der Fränkischen Seenplatte nachgesagt.

Flucht, ordentliche

Frauen und Kinder zuerst, ist des deutschen Mannes oberstes Gebot. Der Landser rettete bis zum Schluss die Kinder und Frauen seiner italienischen Blutsbrüder, indem er sie in Dorfkirchen trieb und die Türen fest verschloss, auf dass nicht ein Partisan sie vergewaltige. Jahrzehnte später hörte er gerüchteweise, die Kirche sei in Brand geraten, kaum dass er abrückte.

Anders der Araber, der ewige Jude: Statt dass er eine Million seiner gefügigen jungen Frauen auf die Reise in die Freiheit schickt, springt er selbst in die Raumkreuzer. Die Population deutscher Männer wankt. Denn der Syrer ist in fast allem besser als der Heidenauer. Auch der kriegserfahrene Iraker oder gar der wilde Afghane aus Afghanistan hauen den Heidenauer Hartzer schon vor dem ersten Radeberger aus den Sandalen.

Fluchtbedingung

Der Heidenauer würde sofort fliehen, wenn ihm die UNESCO nur endlich die Mindestbedingungen menschenwürdigen Lebens garantieren würde. Gib uns, Angela Merkel, eine Dreiraumwohnung für jeden, ein voraussetzungsloses Mindesteinkommen von 2000 Euro, ein Deputat an Braunkohle und eines an Radeberger, jeden Samstag einen Kessel Buntes, einen Dönerladen und eine Hochzeit in Weiß für Holger Apfel mit einem Kameraden seiner Wahl! Unter diesen Bedingungen ist der junge männliche Sachse bereit, nach Verden an der Aller oder Stackeln an der Kruke zu fliehen – notfalls sogar nach Erlangen, wo der fränkische Staatsminister des Inneren wohnt, ein Freund wunderbarer Neger und deutscher Vertriebener.

Flüchtlinge

Im 18. und 19. Jahrhundert flohen Millionen arbeitsfähiger junger deutscher Elendsflüchtlinge auf der Westroute (Amerika) oder der Südostroute (Australien), überfluteten die Baumärkte und Turnhallen in Illinois und Massachusetts, wurden durchgefüttert von gottesfürchtigen Quäkern, ausgeraubt, betrogen und zusammengeschlagen von besoffenen New Yorkern, die drei Schiffe früher angekommen waren. Die Überlebenden gründeten den original Wilden Westen. Intschu tschuna und Hop Sing waren ihre Häuptlinge, und Karl May, ein homoerotischer Leptosom aus Radebeul, ihr Prophet.

Forensik

Forensische Psychiater sind die fleischgewordene Klammer zwischen Empirie und Normativität, Sein und Sollen, Diagnose und Strafe, Heilung und Verdammung. Wer kann so etwas aushalten, will er nicht resignieren? Richter tun so, als hielten sie es aus. Das kommt daher, dass sie es nicht verstehen und hierauf zu allem Überfluss auch noch stolz sind.

Fragen

Über manche Verdrehtheiten im Journalistensprech kann man leicht lachen: »Wie weh tut es?«, »Wie traurig sind Sie?«, »Wie fühlt man sich nach dem Verlust des entscheidenden Rennens?«. Gegen andere kann man nichts machen: »Auch für ihn gilt die Unschuldsvermutung« – am Ende jedes Artikels, in dem eine umfassend vernichtende Vor-Verurteilung des »mutmaßlichen Täters« exekutiert wurde.

Fragen und Antworten

Wer Antworten hat, muss auch die Fragen dazu formulieren. Das ist das Konzept unserer Zivilisation.

Fraktionszwang

Aussprachen im Deutschen Bundestag, in denen – was schon wochenlang zuvor aufgeregt angekündigt wird – »der Fraktionszwang aufgehoben« ist: Holla!, denkt sich der Bürger bei solchen Ankündigungen: Da wird es wohl wieder einmal um die allerletzten Dinge gehen! Das sind dann natürlich nicht Fragen nach Krieg oder Nichtkrieg, nach Atomkraft oder Ausstieg, auch nicht nach der Zukunft der Weltwirtschaft, nach der Generierung von Billionen Euro an Spielgeld, die ganz bestimmt schon bald zur Vollbeschäftigung in Spanien und Griechenland führen wird. Bei Abstimmungen über all diese Fragen ist der »Fraktionszwang« nicht aufgehoben. Der Moment des Menschseins, des Bekenntnisses, gelegentlich selbst ein Moment tränenbekränzter Rührung über die eigene Tiefgründigkeit ist vielmehr immer dann gekommen, wenn es um Beginn und Ende des Lebens geht – also beim Thema Abtreibung oder Sterbehilfe. Tremolo ist erlaubt, wenn nicht gar im Drehbuch vorgesehen. Denn siehe: Wir alle müssen sterben.

Frankfurter Zeitung

»Sex ist kein Kavaliersdelikt!« Wir hätten es selbst in einer Kolumne nicht gewagt, das geschlechtliche Credo des Zentralorgans der Bundesvereinigung der Dauerwellen- und Pelzmantelträgerinnen aus Königstein im Taunus und Baden-Baden so schonungslos zu formulieren. Aber auch dieses Tabu war dazu da, gebrochen zu werden.

Frauen, relativiert

Der durchschnittliche Deutsche ist größer (meint: vom Erdboden bis zum Scheitel höher) als der durchschnittliche Peruaner. Dies ist, liebe Frauenrechtlerinnen, eine sogenannte Relativierung. Sie ist nicht »unerträglich« und auch nicht beleidigend: weder für den Engländer noch für den Kongolesen. Es ist halt so: Der durchschnittliche Lachs ist einfach länger als der durchschnittliche Hering. Der Deutsche ist der Hering, der Targi der Lachs.

Frauen, verachtet

Es gibt nach der Erkenntnis der Bundeskanzlerin »Fragen, die über Köln hinausgehen: Gibt es gemeinsame Verbindungen? Gibt es in Teilen von Gruppen so was wie Frauenverachtung?« Ja, das ist gut gefragt und tief geschürft! Wir fragen zurück: Was sind »Teile von Gruppen«? Sind es einzelne Menschen? Gibt es Frauenverachtung in Menschen? Oder sind es Teilgruppen? Hat man jemals davon gehört, dass es in Teilgruppen von Gruppen oder Gruppen von Teilen oder Teilgruppen von Teilgruppen so was wie Frauenverachtung, Männerverachtung, Araberverachtung, Schwulenverachtung, Türkenverachtung, Kopftuchmädchenverachtung oder sonstige Verachtung gegeben habe? Schwierige Fragen! Gut, dass sie einmal ausgesprochen wurden! So was wird ja sonst meist verschwiegen und ist ein Tabu.

Frauenfreunde

Der Nordafrikaner neigt zur Vergewaltigung von Natur aus nicht mehr als der Nordsiegerländer, hat allerdings gelegentlich eine verquere Auffassung von der Sozialadäquanz männlicher Gewalt. Daran sollten wir arbeiten. Wäre der Araber weg, bliebe uns noch das Problem der restlichen 90 Prozent junger männlicher Straftäter. Die sind deutsch, entweder in »Liebe« oder in »Ehre« entbrannt und ziehen eine Schneise von Blut und Sperma von Saarbrücken bis Usedom.

Freiburg, afghanisch

Der Afghane als solcher hat ein sogenanntes archaisches Frauenbild. Er kommt von der großen Stadt aufs Land, sieht dort Tabledance und Sexmesse, Silikon und Glitzernails und all diesen Kram. Er ist geschockt. Freut er sich? Ekelt er sich? Oder will er auch so sein wie die neuen anderen oder die anderen Neuen? Anders gefragt: Was ist das Afghanische am Afghanen in Germanistan? Springen Afghanen in Kabul Radfahrerinnen an und finden nichts dabei, weil das dort üblich ist? Gibt es irgendein Flüchtlings-Herkunftsland, in dem die Vergewaltigung und Tötung von zufällig des Wegs kommenden Frauen kulturell verankert ist?

Freiheit

Herr Kant hat die Freiheit nicht erfunden, auch nicht Herr Perikles oder Herr Cromwell. Sie alle und wir wurschteln uns so durch. So lange, wie seit Tausenden Jahren jeder verstorbene Gotteskrieger unter dem gottgeweihten Tuch, das ihn unsichtbar und unsterblich machte, heimlich Vanilleeis mit Pistazien aß, Arien von Pamela Callas anhörte und Bilder von Maria Anderson betrachtete. Zum Glück!

Freiheitsstrafe I

Für die Insassen der Justizvollzugsanstalt ist Zeit das Universum, die Grundeinheit des Lebens, der alles beherrschende, zerfressende Gedanke: Wie viel Jahre, wie viel Tage, wie viel Minuten noch?

Freiheitsstrafe II

Das Strafrecht bestimmt ein »allgemeines Äquivalent« – eine Kategorie, in welcher »Schuld« umrechenbar und quantifizierbar sein soll. Teile des Körpers zum Beispiel: Je mehr Schuld, desto mehr Körper hackt man dem Täter ab. Oder Geld. Oder Zeit. Das ist unsere Währung: »Schuld« wird umgerechnet in Zeitquanten. Und diese Zeitquanten werden auf ein spezifisches

Übel bezogen: den Verlust von Autonomie. Einsperren in kleine, enge Räume, die den Verlust der Selbstbestimmung zugleich verursachen wie symbolisieren. Ein furchtbares, erschreckendes Übel. Der Versuch, aus dem Leben eines Menschen bestimmte Lebensquanten »auszuschneiden« und zu vernichten, ihm zu entreißen. Auch in der zeitigen Freiheitsstrafe, erst recht in der lebenslangen lebt ein Stück Vernichtungsstrafe fort. Es würde mich sehr interessieren, was herauskäme, böte man den Insassen von Werl, Bruchsal und Straubing Folgendes an: pro Vierteljahr ein Fingerglied, pro Jahr einen Daumen, für fünf Jahre eine Hand. Nicht abgehackt auf YouTube, sondern fein sorgfältig und schmerzfrei operiert vom freundlichen Chirurgen für Amputationsvollstreckung.

Freiheitsstrafe III

Freiheitsstrafe bedeutet: Beschränkung von Bewegungsfreiheit; Einsperren in mehr oder minder eng begrenzte Räume; Kontrolle und/oder Verhinderung von sozialen Kontakten, Interaktionsmöglichkeiten, Kommunikation, Sexualität; Einschränkung von individuellen Verhaltens- und Auswahlmöglichkeiten bei der Gestaltung des Lebens. Wir kennen in der Geschichte des Strafens verschiedenste Formen der Freiheitsstrafe von der Vernichtung bis zur einigermaßen komfortablen Absonderung in der »Festungshaft« oder »Verbannung«. Das Wegnehmen von Lebenszeit ist die – bislang – am meisten abstrahierte Form von Übel.

Fremde I

Der Verbrecher ist uns nahe. Er ist wie wir, deshalb benötigen wir, um uns von ihm zu unterscheiden, gewisse Hilfestellungen. Anders der Irre: Er beschmiert sich mit Exkrementen. Er isst Tote. Er malt sich an oder sticht sich mit glühenden Nadeln. Er springt aus dem Fenster, obwohl die Nacht ruhig ist und das Wetter klar. Er schaut uns an, als sei er wie wir, und ist doch ein anderer.

Fremde II

Es gibt, wie Sie wissen und wir immer wieder schmerzlich erfahren müssen, in unserer Mitte eine Vielzahl von Personen, die aus fremden Kulturkreisen zu uns gekommen sind, um hier einen qualifizierten Hauptschulabschluss hinzulegen, sich aber konstant weigern, angemessen an ihrer Integration in unsere Gesellschaft mitzuwirken. Manche von ihnen entziehen sich den einheimischen Blicken, indem sie sich mit fremdländischen Kleidern tarnen: spitzen Filzhüten etwa, oder geschnürten Leibchen, aus denen die Brüste oben herausgequetscht werden, oder Adidas-Badelatschen. Sie spazieren durch unsere Städte und erschrecken unsere Kinder.

Gastrecht

Hätte der Asylant Albert Einstein in den USA einer Sekretärin an Halloween durch einen Kürbis hindurch an den Busen gefasst oder hätte der Asylant Bertolt Brecht am Geburtstag von Karl Marx in Santa Monica nach

Genuss eines Liters russischen Wodka einen Ladendiebstahl begangen: Was hätte Herr de Maizière als Sheriff von Princeton oder Innenminister der USA getan?

Gedächtnis I

Unser Gedächtnis ist keine Festplatte, sondern eine kompliziert vernetzte Struktur von Qualität und Quantität, Empfindung und Rezeption, Verarbeitung und Neuschaffung. Die avanciertesten Computer unserer Zeit können allenfalls ein stark vereinfachtes Abbild hiervon schaffen. Schon die Vorhersage eines zukünftigen Gedankens oder eines Erinnerungsbilds eines Primaten oder eines Menschen, den wir überheblich als »schwachsinnig« bezeichnen, ist selbst unter Einsatz aller wissenschaftlichen Kapazität des 21. Jahrhunderts nicht möglich. Von einer Vorhersage, einer Analyse, einem »Scan« des »Bewusstseins« von Alltagsmenschen sind wir unendlich weit entfernt.

Gedächtnis II

Das menschliche Gedächtnis funktioniert nicht wie eine Festplatte, auf der die Einzelheiten physisch abgelegt und bei Bedarf wieder aufgesucht werden. Neuronale Netze funktionieren qualitativ; sie verändern sich dabei ununterbrochen. Ich bin mir sicher, dass ich mich an den Geruch eines Kindergartens erinnere, den ich im Jahr 1958 besucht habe. Ich könnte ihn nicht beschreiben, es gelingt mir keine Assoziation mit konkreten Bildern. Gleichwohl bin ich sicher, dass ich diesen Geruch wiedererkennen würde. – Wir alle kennen rätselhafte »Erinnerungen« und Déjà-vus aus Übergangsbereichen von Traum und Wirklichkeit, Kindheit und Ich-Bewusstsein, Dämmerung und Fantasie: Bilder, Worte, Erlebnisse, die wir nicht greifen, als wirklich beschreiben können, die aber gleichwohl, oft über lange Zeiträume, in uns wirklich sind – wirken, bewerten, vielleicht entscheiden.

Gedächtnislücke

Wie war das eigentlich bei der auf unerklärliche Weise beim Generalbundesanwalt versickerten Frage, ob ausländische Mächte auf dem Boden der Bundesrepublik Deutschland mit geheimdienstlichen Methoden Staats- und Wirtschaftsgeheimnisse ausspähen? War diese Frage eigentlich einmal eine Besprechung wert zwischen dem Generalbundesanwalt und seiner vorgesetzten Dienstbehörde?

Die Pressekonferenz des Generalbundesanwalts über unerträgliche Einmischungen der Politik in sein Vorprüfungsverfahren gegen unbekannt wegen Agententätigkeit habe ich scheinbar verpasst – oder? Auch Forderungen des »Vereins der Bundesrichter und Bundesanwälte«, gefälligst gegen die Gefährdung der Sicherheit der Bundesrepublik durch vorgebliche Freunde aus den USA zu ermitteln, einschließlich denkbarer Strafanzeigen, habe ich möglicherweise übersehen. Wann immer, so mein Eindruck, an den Tischen der bundesgerichtshöflichen Kollegenschaft das Akronym

»NSA« fiel und der Begriff »Legalität«, senkten sich die Köpfe rasch über die Salatsauce und die Fusilli siciliana.

Gefahr I

Entlastung vom Schrecken der Katastrophen: »Verantwortliche« müssen gefunden und bestraft werden, und zwar »schnell und vollständig«. Möglichst nichts soll übrig bleiben an Schuld oder Verantwortung für uns selbst, die wir diese Gefahrenlagen ja allesamt wollen, schaffen und aufrechterhalten. Die Reaktoren von Tschernobyl und Fukushima werden noch unsere Nachfahren bedrohen, denen das 20. Jahrhundert so weit entfernt sein wird wie uns der Bau der Pyramiden. Aber sie werden aus dem Alltagsleben verdrängt. Die Sache ist erledigt, die Opfer sind tot oder vergessen. Schlampige Ingenieure waren schuld oder gierige Manager. Wir nicht.

Gefahr II

Das Strafrecht befasst sich fast ausschließlich mit Gefahren, mit der »Abschreckung« oder der »Ahndung« von Abweichungen oder der Stabilisierung gesellschaftlicher Strukturen. Heute wissen wir, dass wir nicht Priester auf die Vulkane schicken müssen, sondern Geologen, in die Weltmeere nicht gefesselte Jungfrauen, sondern Ozeanografinnen, in die Krankenhäuser Virologen und in die Strukturen unserer Gesellschaft Sozialwissenschaftler. Denn wie sich Normalität und

Abweichung, Verdienst und Verbrechen, Aufstieg und Abstieg darstellen, ist nicht Natur, sondern Ergebnis unseres eigenen Handelns.

Gefährder

Was ist ein »Gefährder«? Das Wort ist ein Begriff aus dem Polizeijargon, wie »NafrI« oder »HWG«. Der Begriff ist ein Arbeitsbegriff, wie »Alki« ein Arbeitsbegriff der Psychotherapie oder »Querulant« einer der Justiz. In totalen Institutionen wie Polizei oder Armee bilden sich fast zwangsläufig Bilder von Freund und Feind. Dafür sind solche Begriffe gut: Schnell geklickt ist besser als langsam gedacht.

Gefährlichkeit

»Gefahr« ist im Grundsatz unermesslich. Sie bemisst sich nicht nach Schuldquanten, sondern nach Wahrscheinlichkeiten. Sie kann deshalb nicht »bestraft«, sondern nur »bekämpft« (verhindert, gebessert) werden. Aber sie steht natürlich nicht außerhalb des kommunikativen, normativen Kontexts der Gesellschaft: Was »gefährlich« ist und was nicht, bestimmen wir. Wir können uns stets entscheiden, welches Maß von Gefährlichkeit wir als tolerabel ansehen – vor dem Hintergrund der Erkenntnis, dass wir alle, mehr oder weniger, jeweils füreinander gefährlich und gleichwohl existenziell aufeinander angewiesen sind.

Gefangenenentlohnung

Was ein Gefangener mit seiner Arbeit verdient, reicht, wenn die üblichen Abzüge gemacht sind, gerade für Kaffee, Tabak und ein paar Kleinigkeiten. Angemessenen Lohn erhält er nicht. Zwar arbeitet er mitunter auch nicht angemessen, weil leider zu doof, zu unwillig, zu unorganisiert. Jemand müsste ihn erst bilden, ausbilden, fordern, kritisieren, bestätigen, loben. Gernhaben. Ihm Gelegenheit geben, sein Leben selbst zu definieren und zu beschreiben.

Gefühl

Der Deutsche als solcher ist ein gefühlsbetontes Wesen. Er weinte schon mit Inge Meysel und drückte Männertränchen ab mit Gustav Knuth oder Heinz Rühmann. Die Dauer großer Karrieren – man denke an Curd Jürgens oder Hans Albers – verdankte sich der Fähigkeit, Kontingente des in den Körper gelangten Alkohols durch die spezifisch deutsche Tränendrüse wieder auszuschwitzen, noch bevor sie die Leber erreichen.

Geier

Der Redakteur folgt der ihm anbefohlenen Spur wie der Gänsegeier dem Aasgeruch und bemerkt vor lauter Geierballett nicht, dass ihm noch das vergammelte Bindegewebe vom letzten Gnu um die Füße hängt.

Geist, menschlicher

Der menschliche Geist ist bekanntlich von kosmischer Größe und Differenziertheit, was jede(r) bestätigen wird, der/die in den letzten Monaten einmal ein völlig unverbindliches Gespräch mit einem Front-Office-Manager seiner Sparkasse oder der Beraterin eines international engagierten Finanzdienstleistungsinstituts hat führen dürfen.

Man lernte dort, dass die schlechten Nachrichten über Derivate vollkommen übertrieben und nicht begründet seien und dass schon für geringste Einsätze ab 20 000 Euro – im nicht gemanagten Onlinemodus – Renditen zu holen seien, die dem faulen Griechen die Tränen in die Augen treiben.

Geld

Der bei Weitem größte Teil des heute existierenden Geldes findet in der realen Welt überhaupt keinen Gegenstand mehr, den er repräsentieren könnte: Das Geld symbolisiert nur mehr sich selbst, also nichts, oder sagen wir: einen Zahlenwert. Man könnte auch alle Kieselsteine der Erde zu »Geld« erklären. Unwirkliches Geld entsteht durch Kreditschöpfung. Eine Bank darf zehnmal mehr als ihren eigenen Wert an Krediten ausreichen. Geld entsteht, indem eine Forderung entsteht, weil diese in Geld bezahlt werden muss. Einen Sinn macht das nur, wenn nicht allein der Kredit zurückbezahlt werden muss, sondern auch ein Zins. In der realen Welt fällt das den Menschen nicht auf. Sie denken, Geld sei wertvoll, knapp und erstrebenswert.

Selbst dann, wenn es wie Schnee vom Himmel fällt und alle Vernunft unter sich begräbt. Das kommt aber nicht vom Geld, sondern von der Gewalt.

Generalisten

Es gibt viele Journalisten, die ganz ernsthaft der Ansicht sind, das Dabeisitzen in einem Strafprozess erlaube ihnen, die Wahrheit zu erkennen. In sogenannten spektakulären Verfahren gibt es regelmäßig gleich mehrere solcher Wundertäter: Sie verstehen wenig vom Strafprozess, haben keine Ahnung vom materiellen Recht und weisen keine sachliche Qualifikation auf. Aber sie sind vollständig davon überzeugt, die Sache verstanden, die Zeugen durchschaut und die Wahrheit enthüllt zu haben.

General-Unabhängigkeit

Ein Generalbundesanwalt, der öffentlich behauptet, eine an ihn ergangene Weisung sei unerträglich, weil sie in die Unabhängigkeit der Justiz eingreife, bringt alles durcheinander: Weder ist er »die Justiz«, noch hat er eine »Unabhängigkeit«, noch ist der Eingriff deshalb »unerträglich«. Könnte es vielleicht sein, dass der Mut, die Dinge beim Namen zu nennen, hier sehr langsam wuchs und sich erst Bahn brach, als die Koffer schon vor die Tür gestellt waren? Ich rieche, ich rieche, ich rieche Menschenfleisch, sprach der Riese im Märchen. Er meinte: Angstschweiß.

Gerechtigkeit

Viele Menschen zweifeln an der Kraft des Rechts, manchmal mit gutem Grund, manchmal aus Rechthaberei. Sie wünschen sich »Gerechtigkeit«. Sie vergessen, dass die andere Seite genau dasselbe verlangt und dass man über Regeln und ihre Voraussetzungen nur schimpfen darf, wenn man sich zuvor Mühe gab, ihren Sinn zu verstehen.

Gerichtsreportage I

Proletkult-Journalismus ist in den 20er-Jahren des letzten Jahrhunderts erfunden worden und lebt fort. Karl Marx und sein Essay über den Holzdiebstahl sind daran völlig unschuldig; vielmehr verdächtige ich Heinrich Zille. Es gibt Proletkult in den Versionen »Verlierer« und »Arbeiterfaust«. Letztere wird, verblasst, nur noch von Mitgliederblättern (»Metall«, »Strafverteidigerforum« und dergleichen) hochgehalten. Erstere findet sich bis heute, gehen die Jahrhunderte auch dahin, auf den Seiten für »Vermischtes« in der Lokalpresse. Sie ist Gerichtsjournalismus von oben nach unten, also die unintelligenteste und verbreitetste Art. Da wendet sich der »schmunzelnde« Journalist, wie einst Papa Hesselbach, dem Pack zu, das sich schlägt und verträgt.

Gerichtsreportage II

Was sagen Sie zu Ihrer Verhaftung, Herr Zumwinkel? Die Volontärin aus dem Ressort »Mode, Lifestyle, Neues« fragt: Was sind das für Manschettenknöpfe? Gleich morgen wird sie es in Wiesbaden recherchieren. Vergleiche die Schuhe von Middelhoff mit denen des Beisitzers! Wem schenkte die Beschuldigte Alice Schwarzer heute ihr bezauberndes Lächeln? Ein ganz »komplexer« Fall!

Gerichtsreportage III

Gerhard Mauz schrieb in seinem letzten Jahrzehnt das Wort »Gesetz« gar nicht mehr. Er sagte: »Regel, die Gesetz zu nennen wir übereingekommen sind.« Ja, da wehte der Atem der Ewigkeit über dem Fall und der Leser wusste wieder: Hier geht es nicht um den Mörder X oder die Vergewaltigte Y. Es geht um den Menschen an sich und sein Dahingeworfensein in die Welt. Um die Kartoffel, die Pommes rot-weiß zu nennen wir übereingekommen sind.

Gerichtsreporter

Manche Journalisten, die über das Recht und seine Verwirklichung berichten, haben nichts Besseres zu tun, als sich dem vorgeblich mächtigen oder wissenden Richter anzudienen und »Hintergrund«-Informationen zu ergattern, anstatt sich zunächst mit Rechtsfragen zu befassen. In der Darstellung wird dann Meinungsstreit zum »Richterkrieg«, die Aufhebung eines Urteils zur »Richterschelte«, die Entscheidung eines Kollegialorgans zum höchstpersönlichen Glaubenssatz des Vorsitzenden hochfantasiert und jede abweichende Meinung auf ihre Tauglichkeit zum Eklat geprüft.

Gerichtsshows

In den Wildwestfilmen unserer Jugend war der Name des Richters meist »Richter«. Er war alt, trug einen Anzug mit Uhrkette und verstand fast alles vom Leben, von den Weibern und dem Whiskey. Er hatte – wenn auch korrumpiert vom örtlichen Viehbaron, vom frühen Tod der Gattin oder Johnnie Walker, dem Wolfsbruder in den Nächten der Wüste – einen untrüglichen Sinn für das Richtige und Gerechte: Am Ende tat er es, oder zerbrach an seiner Unfähigkeit, es zu tun. Akten lesen sah man ihn nie. Er spazierte über die Holzgehwege oder saß im Gerichtssaal. An beiden Orten führte er Reden über Recht, Ordnung und Gerechtigkeit. Nicht selten hatte er mindestens eine schöne Tochter. – Die Richterfigur ist im Laufe der Zeit von so vielen miserablen Drehbuchschreibern zugrunde gerichtet worden, dass sie sich nicht mehr zur Wehr setzen konnte gegen die Zombies des Unterhaltungsfernsehens, die Untoten des nachmittäglichen Grauens. Die Gerichtsshows machten das Recht zur Farce und die Gerechtigkeit zur Diarrhö.

Geschmack, verschiedener

Es gibt Menschen, die es strafwürdig finden, Kühe zu kochen; andere meinen, die Beleidigung des Königs sei mindestens todeswürdig; wieder andere sind wissenschaftlich fest überzeugt davon, dass nur der strafrechtliche Schutz des matriarchalen Erbgangs der modernen Welt eine Zukunft biete. So hat ein jeder seine Kunst, und dem Jägersmann vom Rütli ist es einerlei, ob des

Landvogts Heerscharen hundertmal hunderttausend Köpfe zählen, wenn diese Sojasprossen oder geschabtes Hammelfleisch fressen und nicht Emmentaler auf handgerollten Dinkeltalern. Das ist natürlich nur eine durchsichtige Metapher, sodass Sie für den Käse einfach das Quarkkeulchen einsetzen können.

Gesetze

Gesetze sind geronnene Macht und Politik, keine natürlichen Erscheinungsformen von Gerechtigkeit. Wer Gesetze macht, kennt, auslegt und anwendet, also durchsetzt, muss von Gerechtigkeit nicht unbedingt viel Ahnung haben. Sie wird aus anderen Quellen gespeist.

Gesetzesfehler

Noch keine Regierung hat es für nötig gehalten, ein Korrektur-Gesetz auf den Weg zu bringen, mit dem die gröbsten Fehler und Missverständnisse der letzten zwanzig Jahre aus dem Gesetz entfernt werden. Dies hat mehrere (schlechte) Gründe und viele Nachteile.

Es gibt eine erstaunliche Gleichgültigkeit vieler Politiker gegenüber den Auswirkungen ihres gesetzgeberischen Tuns. Sie sind zufrieden, sobald ihre Idee – oder ein Teil davon – in ein Gesetz geflossen ist. Im gehorsamen Bemühen, noch die wüsteste Schnapsidee des Gesetzgebers in hoch seriöse Rechtspraxis umzuformen, werden Vorschriften gedeutet und ausgelegt, bis sich die Balken biegen und das Unvereinbare sich zusammenfügt.

Gesetzeslücke

Ich verrate Ihnen, verehrte Leserinnen und Leser, ein Geheimnis: Bundesjustizminister Heiko Maas soll kurz davorstehen, eine Initiative seines Hauses anzukündigen, wonach der Hunger in der Welt verboten werden soll. Die Strafdrohung soll dem Vernehmen nach drei Monate bis fünf Jahre oder Geldstrafe betragen. Der SPD-Landesverband Bayern soll eine Untergrenze von sechs Monaten gefordert, der Arbeitskreis sozialdemokratischer Frauen einen minder schweren Fall des Hungerns mit einer Strafobergrenze von einem Jahr vorgeschlagen haben.

Gesetzestitel

Ein Gesetz, das die Förderung von Arbeitslosen einschränkt, heißt »Gesetz zur Beschleunigung der Integration in den Arbeitsmarkt«, ein Gesetz, das das Streikrecht beschränkt, »Gesetz zur Modernisierung der Arbeitnehmervertretung«, ein Gesetz, das den Bürgern jede denkbare Möglichkeit nimmt, selbstbestimmt aus dem Leben zu scheiden, »Gesetz zur Sicherstellung der Lebensfreude«.

Geständnis

Auf dem gefährlichen Weg vom Berg der allwissenden Götter und ihrer meist wenig verlässlichen Wahrheitsbotschaften herab in die Niederungen des Dschungels fiebrigen Wollens begegnet der Mensch selbstverständlich nur wieder sich selbst und seiner Natur: ein neuer

Gott vor den Göttern, ein Widersacher mit unvorstellbaren Kräften, ein Ich! Dieses Monster kann man nicht überwinden, wenn es nicht von selbst in den Staub sinkt. Dies ist die Geburt der Inquisition und damit auch des Geständnisses.

Gestörte

Der Begriff »Persönlichkeitsstörung« löst bei vielen Strafjuristen herzhaftes Gähnen aus: Kennen wir, kennen wir, hatten wir alles schon, bringt den Zwanzig eh nicht, bestenfalls den Einundzwanzig. Woher sie das wissen? Das bleibt ihr Geheimnis. Es haben ihnen andere Juristen gesagt, die es auch schon nicht wussten. Draußen in den sogenannten Medien wüten derweil Hunderttausende, die sich gegenseitig als »Borderliner« diffamieren oder einander »narzisstische Störungen« und »Dissozialitäten« nachwerfen wie früher die Schneebälle.

Gesundheit

Bitte vergessen Sie kurz Ihre Störungen, Unbilden und Schmerzen. Lassen Sie die Traumatisierung beiseite, die Sie täglich beim Anblick Ihrer Adipositas erleiden. Speichern Sie die Diskussion Ihrer Diabetes-Typ-Zwo-Prognose mit dem Hausarzt Ihres Vertrauens ab unter To-do. Das wird eine »ausführliche Beratung unter erschwerten Umständen, komplexes Bild« werden (zehn Minuten, 25 €). Sie könnten auch zu Hause bleiben: Dass Sie 15 Kilo abnehmen und weniger Alkohol trinken sollten, können Sie sich auch selbst denken. Und dass niemand als Sie selbst dafür verantwortlich ist, dass Ihnen die Füße abfaulen und Ihre Bauchspeicheldrüse entzündet ist, wissen Sie auch. Auch das Rauchen ist übrigens schädlich (20 €)! Sport ist gesund (5,79 €). Viel Gemüse essen (7,80 €)! Dem Arzt ist es egal: Auf Ihre Frage, ob man ewig lebe, wenn man Knoblauch frisst, gibt er Ihnen täglich – gern auch mittels Fernsprecher – für 15 € eine Antwort. Privatpatienten: Faktor 2,3. Ihnen kann es ebenfalls egal sein: Wofür zahlt man schließlich die Versicherung? Wenn die Uniklinik 22 Intensivbetten bereithält, dann ist eines für Sie. Das haben Sie sich verdient.

Gewaltbekämpfung

Wer nicht hören will, muss fühlen! Das ist des Deutschen Segensspruch. Zweimal höflich gemahnt: Dann gibt's ein Gummigeschoss zwischen die Augen. Die sächsische Polizei ist weltweit gefürchtet für ihr rigoroses Vorgehen gegen rechtsradikale Gewalt und dafür, wie sie für Angst beim örtlichen Abschaum sorgt.

Gewaltenteilung

Natürlich gab es auch einmal eine Zeit, in der die Gewalt nicht geteilt war. Das war, als wir noch klein waren und träumten: dass wir fliegen könnten, dass wir zaubern könnten, dass wir unsichtbar sein könnten, dass alle immer machen müssten, was wir sagen. Jenseits dieser Welt der Wunder hat sich herausgestellt, dass es ausgesprochen sinnvoll ist, wenn die Gewalt des Gutmeinens und der Terror der Tugend und die Gnadenlosigkeit der Schönheit auf möglichst viele verteilt sind, auf dass sie sich gegenseitig in ihrer Güte und Weisheit betrachten, hemmen und kontrollieren.

Gewinnstreben, gesund

Optionen auf Unglücke, Katastrophen, Abstürze und den Tod sind eigentlich noch nie vorgekommen. Es gibt zum Beispiel überhaupt keine Menschen, die an Terminbörsen mit der Wette handeln, dass es in Bangladesch im nächsten Jahr zu besonders katastrophalen Überschwemmungen kommen werde; oder darauf, dass das verseuchte Hühnerfleisch in Afrika zu einer Pandemie führen könnte oder dass im Südsudan auch die dritte Ernte hintereinander ausfalle und weitere 50 000 Menschen stürben. Und jeden Cent, den deutsche Banken damit wider Willen und rein zufällig verdient haben, haben sie für die Hinterbliebenen der Katastrophen gespendet.

Giganten

Vorsitzende am Bundesgerichtshof sagen »mein Senat« zu den Mitgliedern des Senats, dessen Geschäfte sie leiten. Bei Reisen in den Zuständigkeitsbezirk halten sie das Eingangsreferat. Es heißt »Kurzer Überblick über die Leitsatzentscheidungen meines Senats im letzten Jahr«. Wenn ein Senatsmitglied in einem Diskussionsbeitrag von der Meinung des Vorsitzenden abweicht, sagt dieser humorvoll: »Ich glaube, da müssen wir noch mal unter vier Augen drüber reden.« Da lachen alle anwesenden Tatrichter im Schauer der Vorstellung, wie der Senatsvorsitzende demnächst den Abweichler zur Schnecke machen wird.

Glaube

Es bereitet einem katholischen Bischof keinerlei Schwierigkeit, einen Menschen als außerhalb jeder irdischen Verantwortlichkeit und daher wahnkrank anzusehen, dem immer freitags nachts um drei ein Märtyrer erscheint, um ihm die Lottozahlen der kommenden Ziehung zu verkünden. Derselbe Bischof hält es aber für eine gotteslästerliche Lüge, zu behaupten, jener Märtyrer sei nicht durch den Heiligen Geist, sondern durch die Umstände seines irdischen Schicksals, gewürzt mit ein bisschen histrionischem Fanatismus, einer Prise Hungerfantasie und einer gehörigen Dosis Borderlinestörung, zur Selbstopferung im Kampf gegen den Teufel bewegt worden.

Gleichschritt

Zum ersten Mal leben die Deutschen in einem Staat der Freiheit und des Friedens und haben nichts Besseres zu tun, als die Staatsgewalt aufzufordern, härter gegen sie in der Gestalt des jeweils anderen vorzugehen. Gib's mir, Führer, ruft die Gefolgschaft, aber versau mir nicht den Urlaub!

Gourmets

Man muss mit dem Schlimmsten rechnen. Nehmen wir die Dorade, oder den Roten Thunfisch: Was fressen diese Tiere? Sie schwimmen im Mittelmeer. Da kommen Flüsse an wie der Nil, die Rhone, der Tiber und der Ebro. Weiß man, was dadrin ist? Und jetzt auch noch dies: 800 afrikanische Kadaver pro Woche! Das sind, selbst bei durchschnittlich 65 unterernährten Kilogramm, immerhin 52 Tonnen Menschenfleisch pro Woche. Kein Wunder, dass der Blauflossenthun triumphiert und die Dorade sich fühlt wie die Made im Speck. Die Frage für den Gourmet ist nun: Lässt sich so ein Geschmack überhaupt noch mit den herkömmlichen Thymian-Züchtungen überdecken? Könnte Kreuzkümmel helfen?

Herr Guttenberg

Wissen Sie noch, wie schön der Tag war, als Herr Minister wieder einmal eine Treppe herunterschritt und uns zurief: Ja, klar sind wir im Krieg! Wo denn sonst? Alle gewerbsmäßigen Sprachkünstler aus sämtlichen Ministerien und Intendanzen hatten ja zuvor geschworen, dass wir uns auf gar keinen Fall und beim Leben unserer verblichenen Großmütter und bei der Wahrheit des ehrlichen Weltgewissens auf gar keinen Fall in einem Krieg befänden, sondern in einem antiterroristischen Polizeieinsatz. Der Herr Verteidigungsminister Jung aus Hessen hatte sein letztes Paar Socken darauf verwettet, dass Deutschland nicht im Krieg sei. Jawohl, wir sind im Krieg in Afghanistan, in Syrien, im

Irak! Ja, wir sind im Krieg in Somalia, in Libyen, im Sudan. Wir schicken unvorstellbare Mengen von Waffen dorthin (Exportweltmeister!), ein paar Bataillone und Ausbilder und Berater und Tornados und AWACS. Krieg, Krieg! Krieg! Ein befreiendes Wort! Ein Wort für die Wahrheit, die Menschlichkeit, die Herzlichkeit. Deutschland hat jetzt wieder Verantwortung unter den Völkern der Welt!

Habilitation

»Habilitation« heißt die Prüfung, durch welche die »Lehrbefähigung« in einem wissenschaftlichen Fach festgestellt wird. Wer habilitiert ist, darf, Humboldt hin oder her, lehren, was er will, und sei es auch noch so verwegen. Im Einzelnen ist es, Sie ahnen es, natürlich komplizierter. Ein halbwegs vermögender Privatier, habilitiert, wäre der Freieste von allen: Er tut und lässt und lehrt, was er mag. Der Rest bewirbt sich und strampelt und redet in den Pausen der Gelehrsamkeit und auf den Gängen der Institute über die ewig junge Frage: Wer wird wann wo was?

Hang

Wer sich vom Verbrechen nicht heilen lassen will oder gar nicht versteht, was wir damit meinen, für den haben wir eine allerletzte Diagnose bereit: den Zustand eines »Hangs zu erheblichen Straftaten«, entschlüsselt nicht aus einer Störung des Gemüts, sondern aus dem bloßen Ablauf des Lebens selbst. Hier, ganz versteckt und ganz am Ende, kommt dann doch das »Böse« hervor: wenn wir anders nicht mehr weiterwissen.

Härte des Rechtsstaats

»Die ganze Härte des Rechtsstaats«, so sagte es Heiko Maas, müsse das Pack treffen. Wenn man so etwas einmal gesagt hat, wird es schwierig, aus der Nummer wieder herauszukommen. Dann müssen Taten folgen. Wir warten daher mit Hochspannung, was das wohl sein mag: »die ganze Härte des Rechtsstaats«.

Hasenherz

Minister und Ministerinnen fürchten sich schrecklich, wenn gefragt wird, ob sie nicht »zurücktreten« sollten oder ob es mit den »Skandalen« nicht langsam reiche. Sie sind dann sehr aufgeregt, und mit ihnen riesige Behörden, denen es eigentlich ganz egal sein könnte, die sich aber auch fürchten, weil ja die jeweils Oberen eine rätselhafte Macht über die Personalakten haben und bis zum letzten Blutstropfen verteidigen.
Und da die Kaskade der Macht sich den Weg stets von oben nach unten bahnt, fürchten sich zuerst der Minister und der Staatssekretär, und dann bricht ein gar erschröckliches Fürchten über die unabhängige Justiz herein, bis noch der letzte Landrichter begriffen hat, dass nichts auf der Welt so schlimm sein kann für eine Sache und für die Personalakte, als dass »das OLG ihn aufgehoben hat« oder dass der Vizepräsident bei irgendeiner Besprechung angeblich gesagt haben soll, er,

der Richter, sei »schwierig«, oder man sei »nicht glücklich« mit ihm oder ihr. Wenn er davon hört, schläft der Strafkammervorsitzende wochenlang schlecht, neigt zu verstärktem Alkoholkonsum und fürchtet sich schrecklich davor, dass möglicherweise ein anderer Strafkammervorsitzender sagen könnte, dass er ein Dummkopf sei.

Hatespeech I

Soll man Propaganda des Hasses, der Intoleranz, der Verachtung verfolgen und sanktionieren? Soll man Maschinen unterhalten, die dies und vieles andere möglich machen? Also etwa: Soll man Ihre Worte und Gedanken, Bilder und Kontakte vorsichtshalber einmal registrieren und aufheben für den Fall, dass sich später einmal erweist, wie nützlich dies sein könnte? Sollen wir Sie filmen auf Gassen und in Läden, auf der Autobahn und bei Ein- und Austritt in Ihr Heim? Denken Sie nur: Es könnte nützlich sein! Wer nichts zu verbergen hat, der braucht auch keine Privat- und Intimsphäre! Ist es nicht das, was Sie, Leserinnen und Leser, mehrheitlich dahinbrummen? Zu diesem Thema gibt es zwei Meinungen: ja oder nein.

Hatespeech II

Nichts wird vergeben, nichts wird verziehen, alles bleibt auf ewig erhalten. Und goldene Lücken blitzen überall auf den Tannenspitzen. Man könnte ja sagen: Beleidigung ist strafbar; üble Nachrede und Verleumdung sind strafbar; Volksverhetzung, Bedrohung, Gewaltverherrlichung sind strafbar, Befürwortung von Straftaten ist strafbar: Also wo um Himmels willen soll da jetzt noch eine »Lücke« sein? Wie viele »Hater« konnten denn aufgrund des bestehenden Rechts nicht zu Strafe oder Schadensersatz verurteilt werden? Was soll das überhaupt für ein merkwürdiger Tatbestand sein, Hass zu formulieren?

Heidenau

Der Heidenauer ist ein Armutsflüchtling der ersten Stunde. 40 Jahre lang schlürfte er die unergründliche Soljanka und träumte von der Flucht. Man muss ihn deshalb nicht verachten: Jeder von uns hätte sich gefürchtet, über den Todesstreifen zu laufen, die Drahtverhaue zu übersteigen, durch die kalte, dunkle Ostsee zu schwimmen. Deshalb war es ja kein Wunder, dass der Sachse seine angeborene Eleganz verlor, als er, mit nichts als der Jeansjacke am Leib, endlich auf der Südostroute den Zaun zum Sudetenland überklettern durfte.

Und als er da untätig im Garten der Botschaft lag und um ein paar Baguettes mit Roastbeef und Krabben bettelte, statt den Rasen zu mähen, tat sich oben am Himmel ein Fenster auf, und eine Stimme ertönte. Das war Hans-Gandalf Genscher, NSDAP-Mitglied der ganz späten Stunde. Er hob die Arme gen Himmel und sprach den mächtigen Zauber: »Dass heute Ihre Ausreise!« Da entschlossen sich 17 Millionen Heidenauer spontan zur sofortigen Flucht.

Heimat

In Sachsen habe ich acht Jahre meines Lebens verbracht. Schon damals, 1993 bis 2000, war man dort besorgt: dass der Nachbar mehr kriege als man selbst, dass die Wohnung vielleicht im Jahr 2025 gekündigt werden könnte, dass die Soljanka verboten oder ein Vietnamese Ausländerbeauftragter werde. »Wir sind«, so formulierte es eine besorgte Heidenauerin am 26. August 2015 in das Mikrofon einer besorgten Reporterin, »1945 aus Schlesien gekommen. Keiner hat uns gewollt. Obwohl wir Deutsche waren.« Weil keiner sie wollte, will sie jetzt auch keinen. Da geht das Herz auf: Das ist ein Rachebedürfnis, das eines Bruce Willis würdig wäre! 70 Jahre lang hat die 40-jährige Schlesierin gewartet; jetzt schlägt sie zurück.

Heimat, allein

Heimat, Kleinstadt, Kiez, Dorf, Verwandtschaft, Familie, Religion, Betrieb, Beruf, Verein, Tradition – lauter Strukturen, Autoritäten, Regelzusammenhänge, die die Menschen einst von außen bedrängten und von der Verantwortung für ihr Leben befreiten. Alles dahin! In wenigen Jahrzehnten haben wir alles zu Klump gehauen: Von der Religion blieb ein bisschen Folklore, von der Heimat das eine oder andere Lied oder ein Witz im Vorabendprogramm. Der Beruf ist nicht mehr Berufung, sondern Durchgangsstation. In den Dörfern wohnen die Alten und schlafen die Fremden. Die Unternehmen gehören heute dem einen, morgen dem andern. Familien sind Patchwork oder Anachronismen auf

Zeit. Ein solches Leben muss sich ganz allein definieren und leiten. Alles verlagert sich von außen nach innen.

Heimkehr I

Fast niemand war in Stalingrad gewesen, und wenn, dann war er entweder »dortgeblieben« und hatte schon deshalb nicht einer Bande von Völkermördern angehört, sondern einer verschworenen Gemeinschaft von Sportskameraden zur Exekution des Unmöglichen. Oder er war »wiedergekommen«. Einhunderttausenmal »So weit die Füße tragen« mit Clemens Forell in der Hauptrolle. In jeder Familie ein Wundermann des Nachhausekommens, damit aus dem bloßen Überleben eine Lebensleistung werde.

Heimkehr II

Der deutsche Vertriebene weiß, was Flucht bedeutet. Er ist über Amerika nach China nach Russland nach Schlesien nach Heidenau zurückgeflohen. Er ging zu Fuß nach Sibirien hinein und, um des lieben Friedens willen, wieder hinaus. Selbst Napoleon hat das nicht geschafft, obwohl er ein Pferd hatte.

Helau

Ein Ereignis, das seit vielen Jahrzehnten wiederkehrend eine abstoßende Welle von sexualisierter Gewalt, Belästigung, Körperverletzung und Eigentumskriminalität über unser Land schwappen lässt, losgetreten von Kartellen zur Herstellung von Rauschmitteln (sogenannten Brauereien) und unter Leitung ehrenwerter Gesellschaften (sogenannter Narren), in denen Horden männlicher Alkoholiker jenseits der 60 das Sagen haben, die zur Anheizung ihrer sexuellen Fantasien 16-jährige halb nackte Mädchen stundenlang Tänze aufführen lassen, welche ihren Höhepunkt im rhythmischem Hochreißen eines Beins unter Entblößung von Schamregion und Gesäß finden. Die organisierten Frauenerniedriger nennen ihre abstoßenden Rituale »Prunksitzung«. Sie tragen superlustige rote Hüte und besprechen, bevor das Marcumar sie übermannt, bei dieser Gelegenheit gleich noch die Auftragsvergabe für die U-Bahn. Unten sitzen Oberbürgermeisterinnen und Familienministerinnen und schreien: Alaaf!

Hells Angel

Die Polizei steht auf Höllenengel jeder Art. Das Schöne an ihnen ist: Ihre Tarnung ist unzureichend. Man trägt eine Uniformweste, auf der mit glitzernden Buchstaben geschrieben steht: »Panzerknacker AG«. Deshalb mag die Polizei auch die faschistischen Kameradschaften so gern, dass sie sie mit V-Leuten vollständig durchseuchen kann, ohne aufzufallen. Das ist ein psychologisches Phänomen, das der Erforschung durch die Wissenschaft noch bedarf.

Herrschende Meinung

»Die Herrschende Meinung ist die Meinung der Herrschenden« – ein zutreffender, aber etwas banaler Wahrspruch des kritischen Juristen. Denn was sonst außer der »Meinung der Herrschenden« sollte das Recht einer Gesellschaft wohl zum Gegenstand haben? Auf ganz wundersame Weise schafft es die Rechtswissenschaft seit Jahrhunderten, in den Forschungsergebnissen ihrer »Herrschenden Meinungen« immer gerade das zu vertreten, was Ansicht und Interesse der sozial, ökonomisch, politisch dominierenden Dominierenden entspricht.

Hierarchie

Die Funktionen werden mit den Personen vermischt, die Instanzen mit der Hierarchie. Der Autor wird zu einem der »fünf obersten Strafrichter in Deutschland«, weil er Vorsitzender eines BGH-Senats ist. Nun ist zwar der Bundesgerichtshof das oberste Strafgericht, aber dadurch wird der einzelne Richter mitnichten zu einem »obersten«. So, wie es läuft, sind die Fehlverständnisse der Bürger beinahe zwangsläufig. Sie denken, die »Vorsitzenden« der Kammern und Senate seien die Chefs verschüchtert schweigender »Beisitzer«. Die Vorsitzenden hören das natürlich gern. Sie drehen den Palmström einfach um und sagen: Ich bin der Vorsitzende, also muss ich ja wohl eine prägende Richterpersönlichkeit sein. Da nickt so mancher Beisitzer und denkt: Du mich auch.

Hirnforschung

Determinismus: Normen aus Normen aus Synapsen aus DNA. Okay, sagt das schockierte Strafrecht: Wir sprechen uns wieder, wenn ihr alle glitschigen Festplatten des zentralen Nervensystems entschlüsselt habt. Wir werden dann rechtzeitig den Entwurf eines Gesetzes zur Einführung der Auslesung analoger Gedächtnisspeicher und zur Bekämpfung des biobasierten Terrorismus einbringen.

Das Höchste

Die sexuelle Selbstbestimmung von Kindern ist dem Deutschen des Jahres 2016 das höchste aller Rechtsgüter. Das Zeichnen eines Strichmännchens, das an, vor oder mit einem anderen Strichmännchen eine sexuelle Handlung ausführt, ist auf jeden Fall strafbar. Pläne von Atombomben dürfen Sie straflos abmalen, sooft Sie wollen. Auch die bildliche Skizzierung eines Völkermords ist durchaus erlaubt. Der Besitz der Darstellung eines kindlichen Geschlechtsteils bringt Ihnen ein Jahr Freiheitsstrafe ein.

Holocaust-Leugnung

Was wird da geschützt? Warum sollte man die Sonne vor der Behauptung schützen, sie drehe sich um die Erde, oder den Storch vor der Verleumdung, er sei für Überbevölkerung verantwortlich?

Hormone

Es ist eine menschenverachtende Herabwürdigung, wenn jemand äußert, Verhaltensweisen eines bekannten portugiesischen Fußballspielers seien »hormongesteuert«. Fast schon verfassungswidrig ist es auch zu behaupten, Redakteure gewisser Magazine für Männerspaß dächten eher mit dem Unterleib als mit dem Gehirn. Feministinnen würden so etwas niemals sagen. Keiner Journalistin würde es je einfallen zu schreiben, das Tun, Lassen oder Äußern von Herrn Dieter Bohlen oder von Herrn Gerhard Schröder sei »testosterongesteuert«. Das wäre doch sexistisch!

Hühnchen

Käme einer auf die Idee, eine sanfte Schulung bei leiser Musik für Masthähnchen zu konzipieren, auf dass diese ihre Köpfchen beruhigt und lächelnd unter die Maschine mit dem Hähnchenkopfabschneidemesser legten: Das ZDF würde einen Termin für eine »Gala« finden. Barbara Schöneberger würde das Hühnchen spielen und total witzig gucken.

Hunde

Wie lernt der Deutsche Schäferhund, dass er den Araber beißen soll, nicht aber die Omi? Wenn das so einfach wäre! Einst schlugen wir sie. Wir würgten sie mit Kettenhalsbändern. Wir traten sie in die Beine. Wir banden ihnen Elektroschocker mit Fernbedienung um. Heute ist der Deutsche Schäferhund ein plüschiger

Selbstbestäuber geworden: Da fletscht nichts mehr, da springt nichts mehr an, da findet der Pitbull nicht mehr seinesgleichen Der deutsche Hundefreund ist vom Hundetreter zum Hundebelohner geworden. Was er seinen Kindern nicht glaubte, als sie ihn, Jahr um Jahr, höflich baten, sie ein wenig zärtlicher zu schlagen und zu strafen: Seinen Hundetrainern glaubt der Deutsche wie seinen Fernsehköchen, also onerschötterlech.

Ich, menschlich

»Ich als Frau« ist ein Terminus, der immer wieder Fragen aufgibt. Er klingt wie »Wir als Grüne« oder »Ich als SPD«. Seinem Sinn nach ist er eine Reduktion eines »Ich« auf ein »Als«, eines Ganzen auf einen Teil. Man denkt: Max Weber? Idealtypus? Der Mensch als Autofahrer? Ich als Steuerzahler? Ich könnte mir nicht vorstellen, »als Steuerzahler« beleidigt zu sein, als Ich aber nicht. Bleibt die Frage, ob »ich als Mann« ein beleidigungsfähiges Etwas bin. Viele denken, dass das auf jeden Fall gehe. Wir als Menschen können ja mal zusammen darüber nachgrübeln.

Illusion

In einer Welt, die von Businessclass-Flügen, Prostatabeschwerden, vier Kindern aus zwei gescheiterten Ehen, schmeichelhaften Burn-out-Diagnosen, konstantem Rauschmittel-Überkonsum, Vorzimmerdamen und wöchentlichen Alles-oder-nichts-Dramen über Nonsens bestimmt ist, träumen sich Teile der Öffentlichkeit, angeleitet von charakterfreien Redaktionen, in die Welt der Integrität und der Moral. Sie versuchen, tatsächlich erschüttert auszusehen, wenn sich einmal mehr herausstellt, dass der Boden unter ihren Füßen aus ihrem eigenen gestampften Mist besteht.

Individualität

Wenn Individualität das höchste Gut ist und vermittelt wird durch Einsamkeit und Konsum, dann sind alle einander fremd, und alle zugleich einander gleich.

Inquisition

Die Inquisition verstand sich als Sieg der Vernunft (und) begrenzte die Wahrheit auf ein menschliches Maß, indem es ihre Kriterien der menschlichen Erkenntnis unterwarf. Das war nicht eine Wendung von der Dummheit zur Intelligenz, sondern eine solche vom Himmel zur Erde. Wenn und solange man magische Zeichen über die Geltung der Wirklichkeit entscheiden lässt, ist man ohnmächtig gegenüber der Kausalität. Sobald man aber beginnt, die Zeichen und die unbestreitbaren Gegebenheiten aufzuzeichnen und zu vergleichen, wird man – zumindest subjektiv – zum Herrn der Wirklichkeit.

Internalisieren

»Jeder ist für sich allein verantwortlich«, lautet die Parole einer ins Unendliche verschwimmenden Welt von Einzelnen. Für die Ordnung des Lebens sind daher nicht mehr Institutionen und Formen verantwortlich. Religion, Sitte, Familie, soziale Gemeinschaften, externe Kontrolle von sozialem Verhalten erscheinen als »veraltet«, unmodern, überholt, nutzlos. Die Kontrolle ist ins Innere des Einzelnen verlegt: Der »Kern der Person« ist verantwortlich für jede Art von Selbstoptimierung – von der »Fitness« über das »lebenslange Lernen« bis zur Vorsorge für Alter, Krankheit und Tod. Das einsame, für alles allein verantwortliche Selbst gewinnt eine Dimension der Bedeutung, die früher ganz fremd war. Die Lebenswelt erscheint als Aufeinandertreffen von Selbstoptimierern, die sich gegenseitig behindern und im Kern ihrer Person bedrohen.

Interviews

Es gibt zwischen den Fragen »Warum hassen Sie Frauen?« und »Warum hassen Sie das deutsche Volk?«, zwischen »Warum schützen Sie Vergewaltiger?« und »Warum wollen Sie die deutsche Bevölkerung austauschen?« keinerlei qualitativen Unterschied. Der Frager steht stramm und starrt den imaginären Volksfeind an, die Fragerin hampelt hinterm Mikro herum und sagt alle paar Sekunden »genau«. Der Rest ist Geschmackssache.

Irokesen

Ein wildes Volk der Großen Seen. Gefährlich, tapfer, käuflich. So ähnlich fühlt sich wahrscheinlich der Krieger von Apolda, Markkleeberg und Neubrandenburg: allein unter Türken. Die Tatsache, dass es dort keine Türken gibt, ist für die Authentizität dieses Gefühls unerheblich. Der deutsche Irokese hat in seinen Träumen schon immer auf fremden Planeten gekämpft, wohin keines Menschen Fuß je gelangte.

Journalist

Journalist darf sich nennen, wer eine Tastatur bedienen kann. Ist das gut oder schlecht? Presse ist eine Vervielfältigungsmaschine, deren Betreiber sich selbst im Gegenlicht glitzern sehen als Schöpfer der Wirklichkeit. Ja, ich will, sagt die unbedeutende Journalistin, eine bedeutende Journalistin werden.

Journalisten, groß

Journalisten schwadronieren immer dann über »große Sachverständige«, wenn sie einmal erleben durften, wie einer sagte, die menschliche Seele sei einmal so, einmal so und daher sei der Angeklagte vermutlich ein Produkt der Welt. Da schweigen die Richter und Kavalleristen des Strafrechts und sinnen lange nach, und der Mauz-Leser klappt den »Spiegel« zu und denkt: Na, so was!

Journalisten, sehr groß

Eine Groß-Journalistin, im Nirwana zwischen Alleswissen, Nichtswissen und einer ermatteten Aura der Bedeutsamkeit. Frau Gisela Friedrichsen, freischaffende Strafrechtsaugurin des »Spiegel«. Alles muss ja irgendetwas bedeutet haben – aber was bloß? Sie weiß es noch nicht genau, und so sagt sie: ja nun, mein Gott, so könnte es sein, oder auch: ja nun, mein Gott, anders könnte es auch sein. Sie schaut uns an, als wisse sie etwas Wichtiges. Aber sie sagt es uns nicht.

Juristenleben

Es ist ein Eintauchen in diese fremde, seltsame Welt der Unterwerfung und der Gewalt, der Ansprüche und Normen, der Herrschaft und der Abstraktion. Schwierig also ist das Denken. Schwierig ist es zu lernen, die ganze Welt durch den Filter des normativ Machbaren zu sehen.

Juristenlohn

Es gibt keine zweite Ausbildung, die in einem solchen Maße das Bewusstsein vermittelt, Teil einer mächtigen Gemeinschaft zu sein. Jura ist ein vertracktes Angebot, den Gang und die Struktur und die Herrschaft der Welt zu begreifen und zu steuern. Vom ersten Semester an lernt der 19-Jährige, dass der insolvente Schuldner am Ende und dass der Täter schuldig ist und eingesperrt wird aus unserem Willen und unserer Gerechtigkeit und unserer herrschenden Meinung. Amen. Und wenn er es lang genug gelernt hat, weiß er, wird er Teil dieser Kraft sein.

Juristensprache

Jede(r) meint zu wissen, was richtig und falsch, gerecht und ungerecht ist. Vom Rechtssystem erwartet man, diesen unmittelbaren, spontanen, unreflektierten Zugang möglichst so abzubilden, dass ein jeder sich darin wiedererkennt. Das ist natürlich nicht möglich. Kein Mensch wird durch Einnahme von Blutdrucksenkern zum Facharzt für Kardiologie. Auch googeln hilft nur wenig. So ist es halt: Sogar für die Schafzucht und das Kuchenbacken sind ein paar Fachkenntnisse nützlich.

Justiz

Den Versuch der Gerechtigkeit kann nur eine Justiz leisten, die wirklich unabhängig und sich ihrer Würde jenseits von Interessen, Einflussnahmen und (Partei-) Politik bewusst ist. Eine solche Justiz muss gefordert, gefördert und erstritten werden. Sie muss in Schutz genommen werden gegen einseitige Angriffe von außen und gegen Verteidiger einer bräsigen Selbstgenügsamkeit von innen.

Justiz, abhängig

An der Spitze der Justizbehörden stehen bei uns Personen, die einerseits Richter oder Staatsanwälte sind, andererseits Beamte im weiteren Sinn. In dieser Spitze verzahnt sich die rechtsprechende mit der vollziehenden Gewalt, also das Recht mit der Macht. Auch das ist aber nur ein Teil der Wahrheit, die Exekutive ist ja ihrerseits an der Spitze mit der Legislative verzahnt: Die viel geschmähten »Hausspitzen« – notorisch und unvermeidlich im Rausch der Selbstüberschätzung, morgen aber schon wieder Schnee von gestern – sind ja nicht die obersten Beamten, sondern faktisch Parteipolitiker bei einem Ritt auf sieben rasenden Rappen zugleich. In Wahrheit sind unsere Gewalten also nicht wirklich geteilt. Die Judikative ist bis in ihre innersten Strukturen, Empfindsamkeiten und Gedankenwelten geprägt von der Exekutive und auch von ihr abhängig.

Justiz, freundlich

Strafjustiz ist nicht der liebe Freund und auch nicht die verständnisvolle Tante des Bürgers und der Bürgerin. Strafrecht ist staatliche Gewalt. Sie muss legitimiert werden. Sie muss ein Begründungs-»Narrativ« vorweisen. Unseres ist die der Selbstbestimmung und der individuellen Freiheit. Nicht die des Freibeutertums und der Ausbeutung, sondern der Gleichberechtigung in der Wirklichkeit. Deshalb ist es absurd, gerade diesen Gedanken dafür zu verwenden, Fremdheit und Feind-Eigenschaft in eins zu setzen.

Justiz, gemütlich

Gemütlichkeit in der Justiz mag angenehm und menschlich beglückend sein. Als Inhalt von Justiz ist sie freilich sinnlos – da mögen noch so viele Lichtlein brennen in den Geschäftsstellen. Justiz ist niemals gemütlich und nie neutral. Sie ist die Maschine, in der Legitimation in pure Gewalt umgesetzt wird.

Justiz, wichtig

Vierzig oberste Strafrichter, unter achtzig Millionen! Jeder Revisionsrichter ein Schicksalsgott für zwei Millionen! Gerade eben noch saß er oder sie in der Vorlesung »Strafrecht BT II« und schrieb mühsam acht Punkte, und dann diente man einem Herrn Lehrer, bis der einen promovierte. Irgendwann – schwupp! – war man wichtig. Als man noch unwichtig war, sagte man über die notorisch Wichtigen wenig Schmeichelhaftes, wenn man unter sich war. Nun, da das Schicksal das Wichtige in uns erkannt hat, befürchten wir zwar, dass die Überholten dies immer noch so halten, können es aber angesichts der eigenen Person nicht wirklich glauben.

Justizbeschimpfung

Niemand kann ernstlich behaupten, die Strafjustiz in Deutschland mache keine Fehler und stehe makellos im Sturm der Gezeiten. Aber die Behauptung, sie sei ein Haufen von Faulenzern, die »der Polizei in den Rücken fallen«, ist eine Niederträchtigkeit – und eine absurde Lüge, die durch nichts zu belegen ist.

JVA

Bürokratie. Abgewetztheit. Entpersönlichung. Vorschriften für alles, gegen alles. Gibt es keine Verwaltungsvorschrift, gibt es kein Problem. Keine Ausnahmen. Verwaltung von Menschen, als seien sie Sachen. Strafe: nichts wert sein. Warten, warten, warten: auf alles. Auf die Zuteilung von Zeit und Chancen. Auf den Umschluss, auf den Aufschluss, auf den Arzt, auf den Besuch, auf die Halbstrafe, auf nächsten Monat, auf morgen. Keiner hat gelernt zu warten. Im Jugendvollzug: Rasur, Frisur und Hanteln; Schreinerlehre und Mama hilf mir; niemals schwach sein oder immer. Und ich will auch keinen Scheiß mehr machen und werde ein berühmter Rapper.

Kaiser, kleiderlos

Das Stück »Terror« schreibt sich an einem langen Wochenende derart mühelos dahin, dass es doch irgendeinem Regie-Giganten auffallen müsste. Aber wahrscheinlich sind es gerade die Hölzernheit der Dialoge, die Befremdlichkeit des sinnfreien Sinns, die das Werk mit dem Geruch der Gelehrtheit ausstatten, die den meisten Kreativen so schmerzlich abgeht. Ein Fall von »Kaisers neuen Kleidern« also: In der Pause stehen alle um die Häppchentische und bewundern des Meisters meisterliche Rede. Später enthüllen sie, dass der Philosoph nur das Gegacker im Hühnerstall seiner Großmutter nachzuahmen versuchte.

Kameraden, alte

Der erste Präsident des Bundesgerichtshofs, zuvor Beisitzer des Blutschutzsenats, Ehrendoktor seit 1951, war 1953 derart geheilt, dass er den tragenden Gründen des Urteils des Bundesverfassungsgerichts vom 17. Dezember 1953, mit dem die Verfassungsbeschwerde von ehemaligen Gestapo-Beamten gegen das Erlöschen ihres Beamtenverhältnisses verworfen wurde, mitsamt dem großen Zivilsenat kurzerhand die Bindungswirkung absprach und das genau gegenteilige Ergebnis verkündete (Beschluss vom 20. Mai 1954 – GSZ 1/53, BGHZ 13, 265). Das stand der Verleihung des Bayerischen Verdienstordens und des Großen Bundesverdienstkreuzes am Bande selbstverständlich nicht entgegen. Das Bundesverfassungsgericht hat diese skandalöse Entscheidung in seinem herausragenden und allen Jurastudenten zur sorgfältigen Lektüre zu empfehlenden Beschluss vom 19. Februar 1957 (1 BvR 357/52, BVerfGE 6, 132 = NJW 1957, 579) angemessen gewürdigt.

Kampfhund

Früher, als der Kampfhund noch die Städte und Steppen unseres Landes durchstromerte, wusste jeder, was ein Kampfhund ist, denn zwei- bis dreimal täglich fiel ein Exemplar mit gefletschten Zähnen über einen Rentner her oder über ein Kind oder, in besonders grausamen Fällen, über einen Rauhaardackel. Zum Glück war meist ein Fotograf zur Stelle.

Kampfhund, afrikanisch

Bei Afrika handelt es sich um ein Territorium von 30 Millionen Quadratkilometern, der etwa 70-fachen Größe Deutschlands, mit derzeit etwa 50 Staaten. Es gibt dort im 21. Jahrhundert Löwen und Mücken, Flusspferde und Lepra, Macheten und Hundevereine. Es gibt Kühe und Frauen, die Milch geben, und Paprikaplantagen in der Sahara. Die männlichen Kampfhunde dieses Kontinents missbrauchen in großer Anzahl die Seefahrt über das Mittelmeer, anstatt sich noch 100 Jahre mit der Übersendung unserer Altreifen und PET-Flaschen sowie dem Ersatz ihrer Landwirtschaft durch EU-subventioniertes Getreide zufriedenzugeben. Hier tritt ein typisches Verhalten des Kampfhunds zutage: Undankbarkeit. Du gibst ihm ein Stück Fleischwurst, und er beißt dir den Arm bis zum Ellbogen ab.

Kannibalen

Nehmen wir Hannibal Lecter: ein Wesen, ausgestattet mit einem übermenschlichen intellektuellen Leistungsvermögen, das deshalb mittels einer eisernen Maske (!) und ausgeklügelter mechanischer und elektronischer Vorrichtungen daran gehindert werden muss, über die Menschheit herzufallen. Ist er frei, ist alles möglich. Er frisst uns im Schlaf und legt den Pferdekopf als Dessert für die Geier daneben. Dann aber, kaum hat der Nazgûl zum Flug abgehoben, schon wieder der Absturz: Es handle sich, so erfahren wir, um einen entkräfteten Kannibalen im Gewand des existenzialistischen Philosophendarstellers. Camus mit Reißzähnen. Das mag super-spannend sein für Halloween-Idioten, ist aber super-langweilig, wenn man sich ein wenig mit Fritz Haarmann befasst hat.

Frau Käßmann

Frau Käßmann erklärte, wie wir hörten, am 31. Oktober 2016, Martin Luther sei ein bedeutender Denker gewesen; allerdings sei seine Einstellung zu Frauenfragen sehr fragwürdig. Wir sind beeindruckt vom Bogen der Gleichzeitigkeit, der hier geschlagen wird, und müssen daher feststellen, dass dieser Herr Luther also mal gar keine Chancen auf den Job als Bundespräsident hätte, den Frau Käßmann nicht will, Herr Lammert nicht, Herr Voßkuhle nicht und Herr Steinmeier nicht. Es sei denn, dass einer sich opfern müsste. Aber jedenfalls dieser Luther auf keinen Fall!

Katastrophe

Mit der Katastrophe betritt eine Gestalt die Bühne, deren Identifizierung die Aufmerksamkeit fesselt und die Angst mindert. Es ist »der Schuldige«: Er hat den einen Fehler gemacht, der nie hätte geschehen dürfen. Er ist auf schreckliche Weise anders als wir: krank, fremd, außenstehend, feindlich. Nun gilt es, in diesem Niemand etwas zu finden, das ihn anders gemacht hat: gefährlicher, schuldiger. Irgendeine Eigenschaft muss aufgespürt werden, in welcher das Unheil der Tat dem nachträglich Kundigen schon früh sich hätte enthüllt haben müssen. Erlösung wird erlebt, indem festgestellt

wird, dass die Ursache der Katastrophe nicht bei uns liegt und nicht in unserer verächtlichen Alltäglichkeit. Die Maschinen sind nicht schuld, denen wir vertrauen. Nicht die Stürme, die wir verursachen. Unsere Autos sind nicht schuld an den abgetrennten Gliedmaßen, unsere Filetsteaks nicht am Hunger der Welt und unser Börsenindex nicht am Krieg.
In dem suggestiv-ritualisierten Ablauf liegt etwas Beruhigendes. Solange es »Brennpunkte« im Fernsehen gibt und Politiker, die das Unfassbare »unfassbar« nennen und sich »vor Ort ein Bild machen«, funktioniert die Welt. Beunruhigend mag sein, dass die Trauer, die Furcht, das Mit-Fühlen mit den fernen Menschen in der Finsternis der Verzweiflung uns ersetzt werden durch eine bloße Darstellung von Betroffenheit.

Herr Kauder

Eine Doppelhochzeit der Kauder-Brüder mit den Kessler-Zwillingen soll am Verwirrtheitszustand der einen Seite gescheitert sein. Ich bin zu verwirrt, um dazu etwas zu sagen.

Frau Keul

Katja Keul, Rechtsanwältin und Grünen-Abgeordnete, hat am 17. März 2016 im Bundestag erklärt, Paragraf 179 Strafgesetzbuch (sexueller Missbrauch von Willensunfähigen) müsse sofort aufgehoben werden. Es »kann ja wohl nicht sein«, so die Rechtsexpertin, »dass die Vergewaltigung einer Schwerstbehinderten weniger bestraft wird als die Vergewaltigung eines Gesunden«. Nun soll sie nachgelegt und unter dem Jubel ihrer Fraktion erklärt haben, auch Paragraf 176 StGB (sexueller Missbrauch von Kindern) müsse sofort aufgehoben werden, denn es könne ja wohl nicht sein, dass die Vergewaltigung von Kindern geringer bestraft werde als die Vergewaltigung von Rentnern. Claudia Roth soll vor Freunde geweint haben. Das Hohe Haus erhob sich zu einer Polonaise.

Frau Knapp

Ein neues Gesetz, so schrieb Frau Ursula Knapp, die outgesourcte Rechtsexpertin einer Frankfurter Qualitätszeitung, soll dazu führen, dass »Sexualstraftäter häufiger verurteilt« werden. Denn »bislang ist die Rechtsprechung des Bundesgerichtshofs so lasch, dass es die Schutzlosigkeit der Frauen vor sexuellen Übergriffen mitverursacht hat«. Diese Behauptung stellte die Expertin unter die Schlagzeile »Sexualstrafrecht weist enorme Lücken auf«. Wir fragen: Was denn nun? Wurde ein Gesetz nicht richtig angewandt oder gibt es keines? Analyse als wirre Desinformation.

Knochenerweichung

Seit 20 Jahren gilt bei uns wieder die »harte« Linie als Common Sense, weil der sozialpädagogische Einfluss angeblich nichts gebracht habe. Mit sehr geringem Aufwand kann man verachtungsvolle Schilderungen und Meinungen einsammeln. Es mag sein, dass solche intelligenzfreien Einstellungen zu respektierende Meinungen neben anderen sind. Erfreulich wäre es freilich, wenn ihre Vertreter ein gewisses Grundniveau an Rationalität aufbrächten.

Herr Kohler

siehe: Herr Zastrow

Kommunikation I

Jeder Schimpanse im Zoo hat zehnmal mehr emotionale Lernmomente als ein Redakteur auf »Social Media«. Dieser muss doch den »Hass«, den er zu meinen meint, erst einmal neu erfinden: Die zerstörerische, gewalttätige Emotion muss in ein Wort-Bett gebracht werden, das der extrem reduzierten intellektuellen Potenz genügt.

Kommunikation II

Dieselben Menschen, die über die Unverständlichkeit eines Lohnsteuerbescheids, eines Strafbefehls oder einer Pressemitteilung des Amtsgerichts Tiergarten lamentieren, halten es für zivilisatorisch zwingend, dass der Mensch den Neusprech zwischen Psychovokabular, Werbungsfetzen und neuestem Technikjargon beherrsche, der als Ausdruck von Modernität angesehen wird. »Teilchenbeschleuniger«, »Vintage«, »Abstandslaser«, »Rollenoffset«, »Trauma«, »Umlaufrendite« – das Mindeste, was ein integrationswilliger Qualitätspresse-Leser mit Hauptschulabschluss verstehen muss. Die Worte »Widerrufsbelehrung« oder »Einspruchsfrist«

kann man dagegen auch leitenden Redakteuren kaum abverlangen.

Kontamination

Die jährlich 50 Milliarden Euro Verbrechenserlöse aus den letzten dreißig Jahren sind fast vollständig noch da. Sie haben sich über viele Jahre mit dem legalen Geld vermischt und die Gesamtgeldmenge durchseucht. Ganze Stadtviertel sind aus Drogengeld oder Geld aus Menschenhandel oder Erpressung errichtet, Zehntausende Restaurants betrieben, Hunderttausende von Autos gekauft worden. Die Kinder und Kindeskinder dieses Geldes sind noch da: auf den Rentenkonten und Lebensversicherungen, in den Einfamilienhäusern und Depots. Alles verseucht, alles vergiftet, alles dreckig! Wie hoch, schätzen Sie, mag wohl die Wahrscheinlichkeit sein, dass sich in Ihrem Geldbeutel oder auf Ihrem Girokonto oder in irgendeinem anderen Vermögenswert, den Sie sich zuschreiben, ein Anteil von »gewaschenem« Geld befindet, der aus Straftaten »herrührt«? Ich schätze: Sie liegt deutlich über 50 und geht gegen 100 Prozent.

Korrektheit, politisch

»Der kleinste Hetzer seit Goebbels« oder »der größte Kleinwüchsige seit Ernst-Dieter Lueg« genannt zu werden, ist ein sprachlich sinnloser Vergleich, da er ja einen ganz winzig kleinen Hetzer oder einen sehr großen Zwerg treffen könnte, der halt das Pech hatte, dass zwischen ihm und der Referenzpersönlichkeit kein Vertreter jenes Maßstabs gefunden werden konnte, welcher dem Vergleicher vorschwebte. Was kümmert es deshalb den Kolumnisten, »der größte Dummkopf seit Cicero« geheißen zu werden, oder Sie, liebe Leserin, »die schlechtest angezogene Lehrerin seit Greta Garbo«?

Krähentheorie

Ob die Krähentheorie den Krähen bekannt ist, weiß ich nicht. Für alle anderen Bevölkerungsgruppen darf man annehmen, dass sie stimmt. Ärzte hacken Ärzten, Lehrer Lehrern, Richter Richtern, Installateure Installateuren weniger Augen aus als Lehrer Richtern, Installateure Lehrern und Richter Ärzten. Woher das kommt, weiß jede(r) bis auf ein paar ganz Oberschlaue: Je näher man an einer Sache dran ist, desto mehr Einzelheiten kennt man. Je mehr Einzelheiten man kennt, desto schwerer fällt es, Fehlleistungen im Einzelfall als unvertretbar anzusehen.

Krankheit

Unsere Kultur hält ein System bereit, das sich nicht zufällig genau in die Denkstruktur von Böse und Verrückt, Rational und Irrational einfügt: Es ist das System von »Krankheit und Gesundheit« und daher der »Heilung«. Wen wir nicht bestrafen dürfen, den wollen wir heilen, denn unsere Kultur kann es nicht ertragen, irgendetwas als schicksalhaft und unabänderlich anzusehen.

Krankheitsindustrie

Das System der Vollversorgung ist, was die Nachfrageseite betrifft, ein sozialistisches. Sie dürfen sich das so ungefähr vorstellen wie in der DDR (selig), mit Abweichungen in Annäherung an das kaiserliche Eisenbahnwesen: 85 Prozent sitzen in der zweiten Klasse, 15 Prozent zum Faktor 1,8 bis 3,6 in der ersten. Die dritte Klasse besteht aus einer Art Mindest-Naturalversorgung für Asylbewerber, Obdachlose und sonstige Verlierer. Die Angebotsseite ist dagegen rein kapitalistisch organisiert. Gewinne sind privat, Verluste werden dem Solidarsystem aufgelastet. Das Geld, mit dem das finanziert wird, entsteht nicht durch das »Arbeiten von Geld« oder durch das werbende Flehen der Medizinindustrie an den Gott der ewigen Verdopplung, sondern stammt aus Ihrer Tasche. Mit dreihunderttausend Millionen Euro jährlich kann man ja schon was anfangen. Das vorrangige Ziel eines solchen Systems kann unmöglich »Gesundheit« oder Versorgung sein. Es muss ohne Zweifel der Gewinn sein. Ihre Gesundheit ist dabei allenfalls ein erfreuliches Nebenprodukt: wünschenswert, aber nicht entscheidend.

Krieg

Die Drohnen, die in Afghanistan oder im Irak Familienfeiern und Hochzeiten in Stücke gerissen haben, weil sich – vielleicht, vielleicht aber auch nicht – ein Mitglied von Al Kaida unter den Gästen befand, sind für die Verteidigung der von uns definierten Menschenrechte eingesetzt worden. Niemand in Deutsch-

land hat je eine Träne vergossen über die Verzweifelten und sprachlos Überlebenden.
Können wir ernstlich erwarten, uns das ganze Elend aus zwei Dritteln der Welt mithilfe von sechs Meter hohen Mauern und eines sogenannten »Kriegs gegen den Terror« vom Leibe zu halten, ohne dass ein paar zum Letzten Entschlossene von da draußen in unsere Welt eindringen und Rache üben? Und können wir ernstlich erwarten, dass sie das auf eine Weise tun, die nicht besonders schmerzlich ist?

Krieg, München

Vom Olympiazentrum aus wurde die gesamte Millionenstadt von schwer bewaffneten Terroristen überrannt; der Stachus war ein einziger Kugelhagel. Sie durften, liebe Zuschauer, dank eines vorbildlich eingespielten Krisenmodus der wichtigsten Sender, live dabei sein und wären daher sozusagen die ersten Live-Augenzeugen einer verheerenden Explosion auf einer menschenleeren Münchener Kreuzung gewesen, die Hunderte von unschuldigen Menschen zerfetzt hätte, wenn sie denn stattgefunden hätte und ein einziger Mensch da gewesen wäre außer dem Reporter und seinem tapferen Kriegskameramann. Da sieht man einmal wieder, wie knapp es manchmal zugeht im Krieg.

Krieg den Drogen

Der »War on Drugs« ist ungefähr so ein Desaster wie der »War on Terror«, wird aber mit eisern guter Laune seit Jahrzehnten weiter durchgezogen, obgleich nichts dabei herauskommt als immer größere Drogenmengen, immer mehr Gewalt und Korruption.

Kriminalitätsbekämpfung

Am Horizont ahnt man ein Konzept für den Bundestagswahlkampf 2054: Man könnte die Kriminalität eigentlich ganz abschaffen. Zum Beispiel, indem man für alle Taten die lebenslange Freiheitsstrafe androht.

Kriminalstatistik

Die polizeiliche Kriminalstatistik ist keine Statistik über die Wirklichkeit der Kriminalität, sondern eine Statistik über die Tätigkeit der Polizei. Und daneben auch eine über die »gefühlte« (behauptete) Kriminalitätswirklichkeit. Sie ist dadurch weder falsch noch verwerflich. Ihre öffentliche Vermarktung und Bewertung sind allerdings oft bestimmt von Desinformation und politischen Strategien.

Kriminelle Vereinigung

Es ist eigenartig, dass zum Beispiel bei Unternehmen, deren einziger Zweck im Betreiben eines »Schneeballsystems« zur betrügerischen Einwerbung von Anlagegeldern besteht, nur selten jemand an eine kriminelle

Vereinigung denkt. Auch der betrügerische Vertrieb Hunderttausender angeblich abgasarmer Autos dürfte sich ohne Geheimgesellschaft schwerlich bewerkstelligt haben lassen.

Kriminologie

Der Verbrecher ist dem Journalisten näher als jeder Bär der Welt, und vertrauter als alle Golden Retriever. Wenn er aber beißt, schlägt, die Wohnung versaut oder sich sonst unvorhersehbar benimmt, wird er zum schlimmsten Feind. Wie kann sich, so sinniert dann die völlig überraschte kritische Presse, die Gesellschaft vor diesen schrecklichen Fremden schützen?

Kronenkorken

Unsere Gesellschaft produziert Richter wie Kronenkorken: durch Stanzen.

Kugelschreiber

Wie kann sich ein vernünftiger junger Mensch acht Kugelschreiber plus ein Fieberthermometer gleichzeitig in die Brusttasche eines weißen Kittels stopfen? Man weiß es nicht. Möglicherweise gibt es geheime Rituale, in welchen der Blick eingeübt wird, den der Assistenzarzt über das Patientengut schweifen lässt wie der Hochseefischer den seinen über den Heringsschwarm.

Kultur

Ja, so geht es im christlichen Abendland, immer vorwärts, und hei!, fliegen die Pferde und die Kamele und die Schweine, dieweil die Orgeln im Dreivierteltakt dröhnen und die Präsidenten herabwinken vom Würschtelstand und eine Verbeugung machen bei jeder Umdrehung. So geht Weltpolitik!

Kulturkreis

Sätze wie aus Eisen! Migranten »aus anderen Kulturkreisen« sollen »unser« Wertesystem achten. In unserem System ist es nämlich nicht okay, Passanten auszurauben, Frauen oder Männer sexuell zu nötigen, bandenmäßig Diebstähle zu begehen. Das weiß der Migrant aus dem anderen Kulturkreis natürlich nicht. Im algerischen Kulturkreis zum Beispiel werden, wir wissen es, solche Verhaltensweisen gern gesehen.

Kunst

Kunst und Strafbarkeit, Satire und Strafbarkeit schließen einander nicht aus. Vielmehr sind sie Begriffe auf unterschiedlichen Bedeutungs- und Wertungsebenen. Auch strafbare Pornografie kann Kunst sein. Und Kunst kann strafbar sein. Die »Freiheit« der Kunst besteht nicht in ihrer inhaltlichen Unbeschränktheit, sondern im immanenten Begriff ihrer selbst. Was Kunst ist, bestimmt nicht das Strafrecht, sondern allein die Kunst. Wenn das Straf-Recht etwas als verboten ansehen möchte, muss es die Verantwortung dafür schon selbst übernehmen und nicht einer angeblich »schlechten« Kunst in die Schuhe schieben.

Laienrichter

Der Laienrichter Gerhard Schröder, Rechtsanwalt aus Hannover, schlug einst im Interview mit der »Bild am Sonntag« vor: »Wegsperren für immer«. Damit meinte er Männer, die sich des sexuellen Missbrauchs von Kindern schuldig machen. »Bild« verstand ihn, »Bild« liebte ihn und er liebte »Bild«. So wird der kleine Rechtsanwalt ein großer Richter.

Lebenslang

Wir nehmen das Maß der Schuld, formen es, wie auch immer, in Zeitquanten um und bemessen das Maß der Strafe. In dieses schwierige, aber in sich sinnvolle Konzept bricht die »lebenslange Freiheitsstrafe« ein wie eine fremde, irrationale Idee: »Lebenslang« bedeutet »absolut« und »unermesslich«. Dieses Maß hat nichts mit einer gleitenden »Skala von Schuld« zu tun. Mit der lebenslangen Freiheitsstrafe transportieren wir einen Begriff (und eine Wirklichkeit) aus den Tiefen des Vernichtungsstrafrechts mitten hinein in die Rationalität unseres Schuld-Strafrechts.
Mit vielem hat die lebenslange Freiheitsstrafe zu tun, kaum etwas aber mit der tatsächlichen »Sicherheit der Bürger«. Sie ist eine in der Rechtswirklichkeit ausgehebelte Symbolik, ein Begriff, der schon seit fast vierzig Jahren gar nicht mehr enthält, was er dem rachedursti-

gen oder furchtsamen Bürger vorgaukelt. Was dieser sich erhofft: dass schlimmste Verbrecher für immer verschwinden, lässt sich mit der lebenslangen Freiheitsstrafe, wie wir sie heute haben, gar nicht bewerkstelligen und darf es auch nicht.

Lebensschutz

An den Rändern des Lebens bröckelt der Lebensschutz bis zur Unkenntlichkeit dahin und verliert sich im Dickicht von Moral, Tabu und ethischen »Bekenntnissen«. Das gilt für die vorgeburtliche Zeit des Lebens ebenso wie für seine unvermeidliche Schlussphase.

Legitimität

Menschenwürde und Fairness begrenzen den Wahrheitsanspruch des Prozesses: Wir dürfen Wahrheit nicht um jeden Preis erforschen, den Beschuldigten oder Zeugen nicht zum bloßen Objekt machen. Einhaltung und Fortentwicklung der Regeln, die Beteiligung, Ausgleich und Diskurs sichern, sind die Garanten einer (annähernden) Wahrheit, die es uns zuletzt erlaubt, Menschen zu bestrafen. Bei alldem geht es auch und nicht zuletzt darum, durch das Verfahren selbst die Legitimität seines Ergebnisses herzustellen.

Leitkultur

Die vorerst letzte Stufe bescheuerter Verleugnung der prostitutiven Vermarktung erleben wir in den USA, wo die körperliche Botschaft ultimativer Permanent-Geilheit zwanghaft kombiniert wird mit der bigotten Prüderie einer unberührten Hochzeitsnacht, für die all die grotesk geschwollenen Körperteile angeblich der finalen Explosion entgegenfiebern: der ultimative Hamburger des Lebens, mit 300 Gramm Beluga-Kaviar plus 12 Austern plus 1,5 Liter Dom Pérignon, alles in einem Moment.

Live-Sound

Der Preisträger des Hörfunk-Preises »Blind? – kein Problem!« ist diese Woche kein Geringerer als »spiegel.de«. Geehrt wird er für die aufrüttelnde Audio-Reportage: *So klingt der Krieg in Syrien,* online seit 14. August 2016. Der Bundesverband der Hersteller von Splitterhandgranaten hat sie als »Bombenhit des Jahres« eingereicht und nachdrücklich eine Fortsetzung des Formats angeregt. Folge zwei: So klingt der Krieg im Sudan; Folge drei: So klingt der Sieg in Afghanistan; Folge vier: So klingt die Waffenruhe in der Ostukraine; Folge fünf: So klingt Aleppo bei Nacht.

Lügen

Von 100 Personen, die den Völkermord mit Nichtwissen bestreiten, lügen 99: Sie kennen die Wahrheit. Sie sollten wir bestrafen, weil sie in einer angeblichen »Meinung« nichts anderes verbergen als Verleumdung von vergangenen und Gewalthetze gegen zukünftige Opfer. Den einen Trottel, der ernsthaft glaubt, die Erde sei eine Scheibe, werden wir ertragen können.

Lügenpresse

Mediale Wirklichkeit ist bloß Schaum, nicht Wahrheit. Aber Vorsicht: Auch die Parole von der »Lügenpresse« ist erlogen. Sie hat wahre Kerne, aber erfundene Strahlkraft. Sie ist ein simples Wort im Kampf um die Macht.

Lücken-Presse

Muss die »Tagesschau« berichten, wann immer in Leipzig ein verfaulter Obdachloser mit zertrümmertem Schädel und Tierfraß im Gesicht auf der Müllkippe gefunden wird? Möchten Sie zur besten Sendezeit unterrichtet werden über die Spuren, welche die mindestens zehn Stampftritte auf den Kopf von bewusstlosen Jugendlichen hinterließen, die täglich vor deutschen Schwurgerichten verhandelt werden? Haben Sie einmal darüber nachgedacht, wie viele Brückenvenen in den Hirnen von Säuglingen und Kleinkindern jährlich durch heftiges »Schütteln« abreißen, ausgelöst von Müttern oder Vätern, überfordert oder gestresst, besoffen oder bloß wütend, und wie diese Mütter und Väter drauf waren am Abend des sogenannten tragischen Todes ihres Kindes? Und vor allem: Wann haben Sie sich zum letzten Mal darüber beschwert, dass die »Tagesschau« Ihnen all diese Informationen vorenthielt?

Mainstream

Es säuselt dahin ein lauwarmer Wind. Niemand will angeblich dazugehören. Alle sind süchtig, aber nur der jeweils andere scheint ihm verfallen. Der Mainstream, den ich meine, ist: das Ich im Ich. Das Säuseln der Unendlichkeit. Das Klagen und Nichtstun, das Kritisieren der Kritik, das Zitieren des Zitierens. Das Nichts-Wollen, Alles-Haben. Die Unterwerfung der Welt als sprachliche Attitüde des Leidens an ihr. Das 50-Kilometer-Gehen mit Amphetamin und Koks, für Geld und Sex und Berühmtheit, für nichts. Für Nichts.

Mann, weißer

Das Schlimmste überhaupt sind alte weiße Männer: der Feind der Feinde, die verachtungswürdigste unter allen Kreaturen des Schreckens, die der Absolventin eines Studiums der Angewandten Kulturwissenschaften begegnen. Der Begriff stammt aus dem amerikanischen Soziologen-Jargon, seine Verwendung verleiht der Sprecherin also per se den Adel der Weltenkennerin, selbst wenn sie eine 22 Jahre alte Studentin aus Passau ist und junge schwarze, mittelalte gelbe oder uralte braune Männer nur aus dem Fernsehen kennt.

Märtyrer

Niemand muss sich als Märtyrer fühlen, weil er in Dresden im Kreis herummarschiert und sich Sorgen macht, es könnten sich die deutschen Mädels afrikanischen Süßkartoffelfressern zuwenden.

Maßgabe

Es muss, so sprach Heinrich August Winkler, darüber nachgedacht werden dürfen, ob das Menschenrecht auf Asyl schrankenlos gelten könne. Er schlug deshalb vor, Artikel 16a Absatz 1 des Grundgesetzes wie folgt neu zu fassen: »Politisch Verfolgten gewährt die Bundesrepublik Asyl nach Maßgabe ihrer Möglichkeiten.« »Nach Maßgabe der Möglichkeiten« – ein großes Wort eines deutschen Intellektuellen. Schon am 28. September hatte Herr Winkler uns in der »FAZ« aufgefordert: »Das Undenkbare denken!« Ein schöner Imperativ im Kopfstand: Möchte der Professor etwas denken, was er nicht denken kann?

Maßstäbe, ministeriell

»Teile meiner damaligen Arbeit entsprechen nicht den Maßstäben, die ich an mich selbst stelle«, schrieb die Bundesministerin der Verteidigung über ihren Kurzzeit-Aufenthalt in der Wissenschaft vom »Entspannungsbad bei vorzeitigem Blasensprung« (Diss. Hannover 1990). Wir wollen nicht kleinlich sein. Ich kenne einen Menschen, der über den Einfluss von Mondphasen auf die Häufigkeit von Abtreibungen promoviert hat und trotzdem seither »Doktor« heißt.

Herr May

Karl May aus Radebeul, sächsischer Fremdenfreund, liebte Hadschi Halef Omar, einen Islamisten ohne Familiennachzug, und war Pierre Brice, seinem Blutsbruder unter der Pferdedecke, homoerotisch verbunden, was jeder weiß, der die Beschreibung der hirschledernen weißen Unterwäsche des Mescalero mit dem blauschwarzen Haar gelesen hat. Er sprach alle Sprachen Kurdistans wie seine eigene. Jeden Tag aß er Döner oder Pilaw, wenn nicht gar eine mürbe gerittene Bärentatze auf der Tageskarte stand. Nach Sonnenuntergang schlich er, ein Frank-Walter Steinmeier auf Finger- und Zehenspitzen, an Wladimir Putins Lagerfeuer, an dem Baschar al-Assad und die saudische Prinzessin Angela lagen und einen schrecklichen Verrat in allen Einzelheiten planten.

Medizin, palliativ

Die Behauptung, die Tür zum sanften Tod stünde jedermann offen, wenn nur endlich jedes Stadtkrankenhaus eine Palliativstation einrichten würde, ist Unsinn.

Meinungsvielfalt

Es sind ja immerfort die anderen, die entweder zu blöd sind, das Richtige zu meinen oder das Falsche zu erkennen. Sie muss man schützen vor falschem Rat und den Einflüsterungen des Teufels.

Menschenwürde

Es ist ja sowieso verboten, andere Menschen als Ware anzusehen: als Sklaven etwa, als Lohnsklaven, Tagelöhner, Arbeitskraft zum niedrigst möglichen Preis, als Leibeigene, als überflüssig, als Kindersoldat, als Vieh. Das alles hat Bundesjustizminister Heiko Maas zum Glück verboten.

Mescaleros

Aus Göttingen an der Leine, dem Zentrum der Schweinemastkunde, erklang im Mai 1977 das Stimmchen des »Mescalero«. Er war kein wilder Krieger, sondern ein armer Germanistik-Student, verwirrt von den Ereignissen, aufgewühlt von Emotionen, unentschieden in seiner Moral. Er schrieb, er habe »klammheimliche Freude« empfunden über die Tötung des NSDAP-Mitglieds Buback, Mitglieds-Nr. 8179469, und sei über diese heimliche Genugtuung tief erschrocken.

»Ich freue mich, dass es gelungen ist, Osama bin Laden zu töten«, sagte Frau Bundeskanzlerin nun in die Kamera und meinte das nicht klammheimlich, sondern staatstragend und öffentlich. Würde diese Äußerung an den Maßstäben gemessen, die im Jahr 1977 von der Bundesregierung vertreten, beteuert und angewandt wurden, dürfte jemand, der das öffentlich gesagt hat, wohl noch nicht einmal mehr die Treppe putzen im Kanzleramt zu Berlin.

Migration

Die Gnus weichen auf ihren Wanderungen von Tansania nach Kenia und zurück ungern vom einmal eingeschlagenen Wege ab. Sie versuchen, einmal in Stimmung gekommen, bei der Durchquerung des Mara-Flusses das Steilufer selbst dann zu überwinden, wenn ihnen dies sportlich überambitioniert und strategisch ungünstig erscheinen müsste. Unten liegen dicht an dicht fünf Meter lange Krokodile und warten. Sie wissen, liebe Leserinnen und Leser, was dann folgt: ein Gemetzel, das jeder Beschreibung spottet. Herausgerissene Därme, verdrehte Kuhaugen, spritzendes Blut. Ein See von Blut und Gier und Verzweiflung. Was lernen wir daraus? Das Gnu lebt, wandert, leidet und tut sein Bestes. Das Krokodil tut sein Bestes auch. Es kommt nicht auf den Einzelfall an, sondern auf die große Linie. Das ist wie bei den Flüchtlingen.

Minderheit und Mehrheit

In der Theorie wurde der Straftatbestand der Religionsbeschimpfung stets als menschenfreundliche Regelung zum Schutz von Minderheiten hingestellt. In Wahrheit war er aber ganz überwiegend ein Schutz der Mehrheit vor der Minderheit und daher geradezu eine Pervertierung des Schutzgedankens.

Ministerialbürokratie

Wer macht Gesetze? In der Praxis sind es in erster Linie die Bürokratien der Ministerien. Anders als der gemeine Wutbürger meint und der nur noch als Schatten auftretende deutsche Kabarettist behauptet, ist das keine Versammlung von strohdummen, inkompetenten Langweilern, die sich täglich beim Frühstück überlegen, wie sie die legitimen Interessen des Volks am besten mit Füßen treten. Im Gegenteil: Es bemüht sich eine Vielzahl außerordentlich sachkundiger, erfahrener und gutwilliger Menschen, aus politischen Ideen in einer äußerst komplizierten gesellschaftlichen Umgebung das jeweils Beste zu machen.

Ministerium

Gehst du, o Ministerialdirigent, zur Befragung durch den Petitionsausschuss, so kleide dich schlicht, senke dein Haupt und lass dich wie einen Idioten behandeln von Menschen, die du nicht einmal als Hilfsreferenten in deine Unterabteilung einstellen würdest!

Mitgefühl

Wenn ein in Shanghai zum Tode verurteilter Tibeter in Spanien Asyl beantragte, dort einen Taschendiebstahl beginge und deshalb von Spanien nach China abgeschoben werden sollte, würden die deutsche Presse und die politische Öffentlichkeit über diesen Akt der Barbarei tagelang herfallen. Rund um den Kölner Dom würden besorgte Bürger Kerzen zur Solidarität mit dem Jüngling aufstellen, und unsere Frau Ministerin Manuela persönlich würde ihm eine Lehrstelle als Tierpfleger besorgen.

Mitgefühl, pervers

Die Spanne der simulierten Empathie reicht weit. Am einen Ende steht die sogenannte Lottofee: Sie stellt sich vor 14 Millionen Menschen hin und wünscht, immer und immer wieder, allen 14 Millionen gleichzeitig »ganz, ganz viel Glück!«. Das ist, als spiele ein Sadist mit einem sechsschüssigen Revolver, in dessen Trommel nur eine Kammer leer ist, russisches Roulette mit sechs Opfern und sage allen zu Beginn: »Ich drücke euch die Daumen.«

Mittelstand

Der Mittelstand fürchtet nichts so sehr wie den Exzess, und er liebt nichts so sehr wie die mittlere Tonlage, den Ausgleich, die Ruhe. Daher gebiert er Juristen wie Ameisen.

Der Jurist ist seiner Natur nach ein furchtsamer Mensch. Er bewegt sich nur ungern dort, wo es heiß, staubig, laut und gefährlich ist.

Moral

Moral ist tief angelegt in der naturgeschichtlichen Evolution von sozial organisierten Lebewesen. Eine empathisch begründete, abstrahierende, also von der unmittelbaren Bedürfnisbefriedigung absehende, »moralische« Verhaltensweise findet sich von Anfang an; sie ist nicht Folge, sondern Voraussetzung der Sozialisationsformen, welche von den Primaten bis zu uns reichen. Es gibt zwar eine spezifisch »menschliche« Moral. Sie ist aber nicht Folge, sondern Inhalt und Voraussetzung einer langen Geschichte der Entwicklung von Empathie.

Mut I

Warum nennen wir diejenigen, die uns angreifen, »feige« und »hinterhältig«? Sie sind es nicht. Sie sind Mörder, aber das steht auf einem anderen Blatt. »Feige« sind sie nicht. Damit ist gar nichts relativiert oder entschuldigt. Es geht nur um dieses Wort »Mut« und um unsere furchtbare Gleichgültigkeit. Solange wir uns die Hungrigen und Rachsüchtigen und Verlorenen dieser Welt mithilfe von Fernlenkwaffen und Drohnen vom Leibe halten können, benötigen wir keinerlei Mut. Die Kerle, von denen wir sprechen, sind wesentlich jünger, schneller, schöner und hundertmal mutiger als wir alten Säcke, die aus den Sternerestaurants Europas und Amerikas in die Hunger leidende restliche Welt hinausrülpsen, dass Bescheidenheit eine Tugend sei.

Mut II

Wenn ein junger Ermittlungsrichter vom leitenden Oberstaatsanwalt einen Berg Akten und Anträge mit der Bemerkung erhält, er möge sie »ganz schnell« durchsehen und »bis Mittag« zwanzig Haft- und Durchsuchungsbefehle unterschreiben – da kann einem das »Nein« schon einmal im Hals stecken bleiben und der Kugelschreiber ausrutschen, und der Gedanke »Das wird schon seine Ordnung haben« die Oberhand gewinnen. Das ist bei Gericht nicht anders als in der Endkontrolle bei VW oder in der Buchhaltung bei Edeka.

Nachwuchs

Ich warte seit 20 Jahren darauf, dass die beeindruckende Truppe schöner weiblicher Hilfskräfte aus den Maschinenräumen der Lehrstühle endlich an deren Spitze drängt. Dann wird eine Zeit kommen, in der wunderschöne junge Männer mit feurigen Augen und makellosen muskulösen Körpern die Kopierer bedienen und ihrer hochverehrten Lehrerin die Vuitton-Tasche in die Vorlesung tragen. Ich werde mich dann als wissenschaftliche Spät-Hilfskraft bewerben. Aber es wird zu spät sein.

Natur

Die albernen Karikaturen von »Natur«, die wir als Rauhaardackel, Schäferhund oder Miezekatze, als Eisbärbaby oder Elefantenjunges noch in unser Empfinden lassen, während wir aus Millionen Hektolitern Tierblut Fast-Food-Aroma herstellen, sind geprägt vom rührenden Versuch, das Menschliche, Soziale, Verantwortliche nachzuspielen: Der Fluss darf »Organismus« genannt werden, aber noch seine wahnwitzigste Zerstörung gilt uns als zwangsläufig.

Naturrecht

Recht ist nicht Natur, auch nicht Menschennatur. Daher sind auch die sogenannten Menschenrechte nicht dem Menschen und der Gesellschaft vorgelagerte Altane für erst noch zu entdeckende, sondern in der Gesellschaft gegen Widerstand durchgesetzte Räume wirklicher Freiheiten. Recht ist ein Kompromiss zwischen Interessen zur Vermeidung von Gewalt und zur Erreichung gemeinsamer Ziele innerhalb einer sozial organisierten Gemeinschaft.

Nazi, allein

Im Osten des Landes hat es der Neonazi doppelt schwer: rundherum nur Leere und kaum Ausländer! Er könnte natürlich losziehen und den deutschen Wald in Ordnung bringen oder irgendetwas anderes tun, was deutsch ist, aber trotzdem intelligent. Aber stattdessen will er lieber einen schönen jungen Syrer kreuzigen, der seinen Blick auf genau die Stellen der Nazi-Freundin geworfen hat, die dieser selbst bei der Freundin des Syrers anstarrt. Das ist nun gerade wieder nicht deutsch, sondern die ganz normale Angst vor der Impotenz oder dem Schwulsein. So viel könnt ihr gar nicht saufen, dass ihr das vergesst.

Nebenbei

Obiter dicta haben keine Bedeutung für die Entscheidung des konkreten Falles und keine Bindungskraft für andere Senate oder Gerichte. Sie sagen, was sein soll, wenn es so wäre, wie es nicht ist. Sie blasen die Backen auf, wo es nichts zu pfeifen gibt.

Nemo tenetur

Ein Beschuldigter muss keineswegs, wie es uns der Kriminalfilm notorisch suggeriert, »aufs Präsidium kommen«, sein »Alibi nachweisen« oder »endlich die Wahrheit sagen«. Er muss auch nicht mit dem Kommissar stundenlang Auto fahren und ihm glauben, dass er es total gut meint. Die Kommissarinnen und Kommissare wissen das ja und sind schon ganz zerfurcht und fragen: Also, mein Gott, was wollen Sie denn jetzt noch mit einem Verteidiger?

Nervenstärke

Man muss einmal wieder die weltweit geradezu einmalige Fähigkeit des deutschen Menschen hervorheben, auch im Krieg die Nerven zu behalten und nicht gleich aufgeregt zu werden. Syrien ist im Krieg, Afghanistan ist im Krieg, Deutschland ist im Krieg. Bemerken Sie den Unterschied? Sind wir etwa »traumatisiert«? Wir bleiben ruhig, freundlich, sachlich.

Das Neue

Bis zum letzten Tag vor der letzten Klausur wird und soll der Jurastudent Angst haben, es komme etwas dran, was er/sie »nicht kennt«. Meint: ein »neues Problem«.

Versteht ihr, Studentinnen und Studenten, was das bedeutet? Kann es Sinn eurer vieljährigen Ausbildung zum Spezialisten für die Klärung täglich neuer Probleme sein, in euch die größte Angst vor dem Unbekannten und Neuen so tief zu verankern, dass ihr sie für alle Zeit weitergeben werdet an die, die euch nachfolgen oder von euch abhängig sind?

Neutralität I

Ist Strafrecht »neutral«? – Gewiss nicht. Es gibt viele Regeln seiner Entstehung, Auslegung und Anwendung. Stets aber gilt: In seiner jeweiligen historischen Form schützt es die jeweils Mächtigen und benachteiligt die Schwachen. Das gilt selbst dann, wenn »der Staat« sich wie ein Alleinherrscher über die Gesellschaft erhebt, wie dies in Militärdiktaturen der Fall ist. Aber das bedeutet nicht, dass man die Bemühungen um seine demokratische, freiheitliche Legitimation und Funktion aufgeben dürfte.

Neutralität II

Richter gehen natürlich nicht wie unschuldige Kinder durch die Welt, sperren die Äuglein auf und schauen einmal, ob ihnen wohl ein Tatbestand bekannt vorkommt. Denn auch die Wörter, die sie benutzen und die das Gesetz benutzt, sind ja nicht unschuldige Laute, sondern jahrtausendealte Symbole, uralte Zaubersprüche, Träume, Erlebnisse, Freuden, Schmerzen. Ein Mensch kann nicht »Schmerz« denken, oder »Wunde«, oder »Hass«, ohne sich darunter etwas vorzustellen, also ohne es zu fühlen. Deshalb ist es Unsinn, von Richtern zu verlangen (oder von Richtern, über sich selbst zu sagen), sie sollten »neutral« sein gegenüber den Worten, Bildern, Erinnerungen, Gefühlen, Schlussfolgerungen, Erfahrungen ihres eigenen Lebens.

Neuzeit

Im Jahre 1650, nach dem Ende des Dreißigjährigen Kriegs, waren nicht nur 70 Prozent der Bevölkerung des heutigen Deutschland massakriert worden, sondern auch viele Strukturen der Herrschaft aufgelöst. 30 Prozent der Restbevölkerung waren »fahrendes Volk«. Das klingt romantisch, war es aber nicht. Im Wald, da war der Räuber. In der Stadt wüteten die Seuchen oder die örtliche Mafia. Jede Reise war ein Wagnis, jedes Geschäft ein Lebensrisiko, jede Sicherheit bloß ein Gefühl für den Augenblick. Der besorgte Dresdner Bürger wäre binnen zweier Tage an Übererregung gestorben.

Normal

Was halten wir für »normal«? Uns selbst. Alles andere: irgendwie verrückt oder fehl am Platze. Was machen wir mit den Verrückten? Alle umbringen, sagt die Ameise. Alle therapieren, sagt der Therapeut. Alles schwierig, sagt der Soldat: Erst mal ein paar Panzerhaubitzen auffahren und die Lage stabilisieren. Und was dann?

Notenskala

Die Notenskala reicht von »sehr gut« bis »ungenügend«, von 18 bis 0 Punkte. Der Durchschnitt all der jungen Leute, die wir durch die Ausbildung zum Juristen schicken, erreicht eine Punktzahl von 5,5. Richter darf man (vielleicht) werden, wenn man 8 Punkte hat. Wer »zweistellig« abschneidet, stolziert den Rest seines Lebens umher, als habe ihn der Papst geküsst. Es bedeutet das: Überforderung, Demoralisierung, Demütigung sind Teil der Ausbildung. Sie sind nicht die »Ausrutscher«, sondern die Eckpfeiler des Systems.

NSU-Prozess

Scheitert der Rechtsstaat an der Architektur des Oberlandesgerichts? Ein absurdes Theater einer durchgedrehten Medien-Welt. Beate Zschäpe von vorn, seitwärts und vor allem rückwärts, mit offenen und zusammengebundenen Haaren, mit einem, zwei, drei oder vier Verteidigern. Homestorys von Verteidigern, Betrachtungen über Namen, Frisuren, Körperhaltung, Beziehungen der Verteidiger.

Offensichtlich unbegründet

Heute werden mehr als 90 Prozent aller strafrechtlichen Revisionen durch Beschluss entschieden. Davon sind wiederum mindestens 80 Prozent Verwerfungen als »offensichtlich unbegründet«. Das gesetzliche Erfordernis der Offensichtlichkeit gilt als Gesetzesfolklore. Heute wird in den Senaten über eine Revision manchmal stundenlang streitig beraten. Wenn am Ende eine Entscheidung herauskommt, gilt diese trotzdem als »offensichtlich«. So können auch Rechtsmeinungen »offensichtlich« sein, die gänzlich neu sind und noch nie vertreten wurden. Das ist, nach den Maßstäben der Sprache, natürlich Unsinn.

Ohrfeige, schallend

Kennen Sie die »schallende Ohrfeige«? Es handelt sich um ein Phänomen, das, nachdem die gewöhnliche Kindesmisshandlung etwas in Verruf geraten ist, nur noch in den Fantasien von Journalisten vorkommt. Für diese

Berufsgruppe allerdings ist die »schallende Ohrfeige« so bedeutend wie die Pressefreiheit an sich. Der »schallenden Ohrfeige« wohnt ein unangenehmer Geist hämischer Besserwisserei inne. Offiziere der russischen oder türkischen Armee schlagen Untergebene bis heute vor versammelter Mannschaft ins Gesicht. Wer behauptet, das OLG habe dem Landgericht eine »schallende Ohrfeige« verpasst, bezieht sich auf diesen Aspekt. Wer in der Justiz arbeitet, ist von den »schallenden Ohrfeigen«, die er der Presse entnehmen kann, auf Dauer angewidert.

Opfer I

»Opfer« zu sein ist in der Rechtspolitik die alles überragende Poleposition. Wer sich als »Opfer« von irgendetwas präsentieren kann, hat den ersten Kampf gegen die Enttäuschungen des Lebens gewonnen. Wenn sie oder er dazu noch subjektiv leidet, kann von nun an die Lebensaufgabe lauten: Erkenne, dass du ein Opfer bist! Und vergiss es nie!

Opfer II

Das höchste Gut, das die postmodern atomisierte Gesellschaft zu vergeben hat, ist Aufmerksamkeit. Wenn das Leben aller einschließlich des eigenen in einen folgenlosen Brei von Worten und Zufällen zerflossen scheint, kann sich die menschliche Einmaligkeit allein in der Aufmerksamkeit der anderen noch finden. Für Augenblicke dieses Rausches, sich lebendig und existent zu fühlen, tun Menschen alles. Man kann das als Täter erreichen oder als Opfer. Grenzen sind fließend. Die Täterrolle ist kurz, flackernd, ungewiss, belastend, also in höchstem Maß prekär. Nur ganz wenige wollen und können dauerhaft Dieter Bohlen oder Charles Manson sein. Die Opferrolle ist dauerhaft, beruhigend, entlastend, enthemmend.

Opfer, formatiert

Ich wette, ein TV-Format mit dem Titel »Das Opfer-Quartett« hätte Potenzial. Ein bisschen Hintergründigkeit müsste natürlich sein, dazu ein gewisses Infragestellen der Hintergründigkeit. Sagen Sie jetzt nicht, damit ließen sich nicht ein paar liebe Zuschauerinnen und Zuschauer gewinnen! Die Stammbesetzung müsste aus je einer PsychologIn, einer JournalistIn, einer PfarrerIn und einem Kriminologen aus Hannover bestehen – dazu jeweils drei per Publikumsvoting vorab ermittelte Kandidaten als »Opfer der Woche«, die jeweils 30 Minuten lang alles raushauen dürfen, was sie umtreibt. Man könnte während der Sendung ein Spendentelefon laufen lassen; der oder die GewinnerIn kriegt am Ende alles, die beiden anderen eine Nebenrolle im Nachmittagsfernsehen. Ich bin sicher: Das Ding läuft!

Opfer, frei

Je mehr der Staat – das Strafrecht – behauptet, er müsse um der Opfer willen ihren »Missbrauch« verhindern, desto mehr verschiebt er die Grenze der Freiheit gegen die »Opfer« selbst.

Opferanwalt

Opferanwälte sind – und darauf kommt es an – in jedem Fall die Guten, Opfer-Anwältinnen ergo die ganz besonders Guten: praktisch unübertreffbar. Welcher bei Trost befindliche Mensch würde als Beruf »Täteranwalt« angeben?

Opfersein

Wer Opfer ist, hat schon gewonnen.

Opferung

Das Schöne am Opfer ist die Stellvertretung. Nimmt man die Selbstopferung aus, ist der Mensch im Anbieten von Opfern recht generös, da es ihn nicht selbst betrifft. Der Erstgeborene opfert sich also wesentlich leichter als die eigene linke Hand. Die Annahme, dass Millionen Götter diese simple Wahrheit seit 100 000 Jahren nicht bemerkt haben könnten, begründet den erheblichen Verdacht, es könnte sich bei der Behauptung ihrer Existenz um eine Schutzbehauptung handeln.

Organ

Zur Wahrung der Rechte und der Subjektstellung des Beschuldigten ist der Verteidiger da. Er ist »Organ der Rechtspflege«, nicht Gehilfe des Gerichts. Er hat die Interessen seines Mandanten zu vertreten, bis an die Grenze des rechtlich Zulässigen. Er darf sich andererseits auch nicht zum Komplizen oder Handlanger seines Mandanten machen. Er muss bereit und fähig sein, auch allein zwischen den Fronten zu stehen, von einer selbstgenügsamen Justiz als Störenfried angesehen und vom mehr oder minder wunderlichen Mandanten als Sozialfürsorger missbraucht zu werden. Er braucht, wenn er seine Aufgabe gut erfüllen will, ein hohes Maß innerlicher Unabhängigkeit.

Ost-Juristen

Diese Ost-Juristen! Früher mussten sie, im Grundsatz jedenfalls, ihre Dienstzimmer selbst putzen und hatten Bereitschaftsdienste für den Fall des imperialistischen Überfalls am Wochenende. Wenn sie nicht weiterwussten, riefen sie beim Obergericht an und holten sich Rechtsweisung. Sie verdienten etwas weniger als Straßenbahnfahrer und mühten sich redlich. Ab 1990 kamen ihnen 3000 frisch geschiedene Elite-Juristen aus Bochum, Erlangen und Darmstadt mit original Mobiltelefonen zu Hilfe und erklärten den Brüdern und Schwestern, wie Rechtsstaat geht. Sie waren begeistert von der Gefügigkeit der Verteidiger und den Pfennigabsätzen der jungen Muttis. So wuchs zusammen, was nicht zusammenpasste.

Paradies

Der Kapitalismus hat sich 80 Jahre weitergefressen, die Familien gesprengt, die Heimaten, die Treue. Unsere Kinder lernen nicht, um Kultur zu erfahren und weiterzugeben, sondern um »Potenzial« zu entwickeln. Das Geld hat sich aus der Ökonomie verabschiedet und ein eigenes Sonnensystem gegründet. Jedermann ist für sich selbst verantwortlich, niemand für den anderen. Eine Welt vollendeter Konkurrenz produziert Verlierer in unvorstellbaren Massen. Die meisten von ihnen lungern draußen in den Weiten umher, heißen »Ausländer« und verschleißen ihre Hoffnungen an den goldenen Pforten zum Paradies.

Pegidistan

Der Schrei nach Gerechtigkeit wird hervorgestoßen aus dem Hals des bittersten Unrechts. Die Gedemütigten, Belogenen, die verlorenen Besserwisser jubeln dem zu, der sie zur Belohnung ihrer Träume enteignen wird. Die Bittsteller stehen vor den Thronen der Reichen, nicht vor den Lehrstühlen der Weisen. So ist das. Das Maß der Ungleichheit erhöht nicht die Sehnsucht nach Gleichheit, sondern die Lust an Erniedrigung.

Frau Petry

Frau Frauke Petry, Abgesandte für die Rettung des Abendlandes, sagt »Pinocchio-Presse«. Sie verdreht dabei die Augen nach innen und oben, damit jeder Gucker sehen kann: Sie macht gerade einen Witz. Zusätzlich kräuselt sie die Mundwinkel, aus Verachtung. Um »Pinocchio-Presse« witzig zu finden, muss man allerdings einen Intelligenzquotienten von unter 80 haben. Das weiß natürlich auch Frau Petry. Sie hält es für denkbar, dass draußen auf den Plätzen und Straßen des Abendlandes eine Mehrzahl ihrer Anhänger diese Qualifikation aufweist.

Polizei

Hierarchisches Denken, einseitige Trennung von Innen und Außen, von Gut und Böse, ständige zirkuläre Bestätigung eines auf Sicherheit, Übersichtlichkeit und Ruhe ausgerichteten Selbstbilds: Das sind strukturelle Gefahren, die in jeder Polizei vorhanden sind und der ständigen internen und externen Kontrolle und Reflexion bedürfen.

Positivismus

Bis heute wird behauptet, der Sieg der »Werte« des NS-Rechts sei die Schuld des sogenannten Positivismus, also der Gesetzestreue gewesen. Das ist Unsinn, verbreitet von Protagonisten, Mitläufern, Nutznießern und Dummköpfen des NS-Rechts. Sie machten 1945 einfach weiter, nunmehr unter anderen Fahnen, aber immer noch mit den höchsten Werten auf den Lippen und im Vorwort.

Preis

Wer einen Skoda fährt, träumt vom Maserati, wer ein Reiheneckhaus bewohnt, von der Villa in den Hamptons. Warum sollte, wer einen mittelmäßig witzigen, pickligen Schnarcher zu Hause hat, nicht von einem fernen George, Brad oder Leonardo träumen, der auch nur seinen Preis hat? Warum macht sich Gina-Lisa die Lippen dick, warum bläst Kim K. ihren flachen Hintern auf?

Pressefreiheit I

Pressefreiheit meint, dass die Presse frei ist. Wer was anderes sagt, ist raus. Denn er könnte es ja lediglich in der freien Presse sagen, und wenn die nicht will, dass es gesagt wird, erfährt es keiner. Die deutsche freie Printpresse gehört 20 Milliardärsfamilien: Auch deshalb ist sie bekanntlich so frei.

Pressefreiheit II

Der deutschen Qualitätspresse liegt der Rechtsstaat besonders am Herzen. Das gilt namentlich für den Artikel 5 Abs. 1 Satz 2 unserer Verfassung: Pressefreiheit! Was Rechtsstaat eigentlich ist, weiß sie gelegentlich nicht so genau. Jedenfalls aber ist er in höchster Gefahr, wenn irgendeinem Menschen, der als Berufsbezeichnung »Journalist« angibt, geraten wird, ab und zu einmal den Schnabel zu halten. »Presseschelte« kommt, auf der Skala des Verderbens, ganz kurz vor dem Staatsstreich.

Privilegien

Bei nicht wenigen Bürgern erzeugt jede Erwähnung von Privilegien ein untergründiges, dumpfes Gefühl von Neid, Empörung, Widerwillen, teilweise geradezu Hass. Sie laufen umher und schreiben das Internet voll mit angeblich authentischen Erfahrungen einer allumfassenden Ungerechtigkeit, die auf den unverdienten Privilegien einer jeweils anderen Bevölkerungsgruppe beruht. Sie wissen alles über die Rechtsbeugung, weil sie jedes Mal, wenn sie irgendwo nicht recht bekommen, ihr Opfer sind.

Probezeit

Ein Richter auf Probe ist in Wahrheit kein »unabhängiger« Richter. Er tut so, ist allerdings gerade für diese Rolle in keiner Weise ausgebildet oder reif. Er oder sie ist, nach allen rationalen Kriterien und Erfahrungen, extrem abhängig und daher beschränkt.

Professores Iuris

Wir kennen sie ja, unsere Leitenden Institutsdirektoren, unsere doctores honoris causa mundi multiplex, unsere Ehrensenatoren! Mit eigenen Händen haben sie den Volksstämmen am Rande der Dunkelheit nahegebracht, was eine ordentliche deutsche »Schuldverschreibung« und eine »objektive Zurechnung« vermögen. Mit Loriot formuliert: Ein Leben ohne Abstraktionsprinzip ist möglich, aber sinnlos.

Prohibition

Niemals und durch nichts ist »Verbrechen« so befördert worden wie durch die Prohibition von Drogen. Das galt in den Zwanzigerjahren in den USA im Hinblick auf Alkohol; es gilt mindestens gleichermaßen seit den Fünfzigerjahren im Hinblick auf andere Drogen. Erneut unter Führung der bigott-verlogenen Abstinenzmoral der USA findet seit vier Jahrzehnten ein sogenannter War on Drugs statt, der zwar viele Ingredienzien einer drogeninduzierten Horrorvision aufweist, aber kaum rationalen Anteil. Seine nicht mehr unterbietbaren kulturellen Tiefpunkte erreicht dieser Feldzug der Abstinenzmoral immer dann, wenn höchste staatliche Würdenträger mit schwerer Zunge und hart ersoffenen Tränensäcken die »Ausmerzung« der Drogen befehlen.

Promillegrenze

Wir rechnen die Alkoholkonzentration auf die zweite Dezimalstelle aus, also aufs Hundertstel Promille. 1,09 ist nur ordnungswidrig, 1,10 ist kriminell. Die Grundlage für diese beglückende Genauigkeit des Rechts sind Trinkmengenangaben des Beschuldigten oder Blutproben, die nach Formeln hochgerechnet werden, deren Unsicherheitsfaktor locker das Hundertfache beträgt.

Prostitution

Freiheit für die Prostituierten! Nieder mit den Zuhältern! Kampf dem Zwischenhändler! Förderung der Selbstständigkeit! Recht auf Irrtum! Beratung, Unterstützung, Förderung, Weiterbildung, Organisationsstrukturen, steuerliche Bevorzugung, Korruptionskontrolle, Wettbewerbskontrolle, Gesundheitsamt und – Respekt. Und knallhartes Durchgreifen gegen jeden hergelaufenen Ausbeuter, Zuhälter, Abkassierer und Schmarotzer. Auch das würde gehen. Stolpernd am Anfang, mit Fehlern und Lücken. Der DGB müsste sich natürlich ein paar Gedanken machen über die Integration und den Schutz von schönen, attraktiven, strahlenden, begehrenswerten, teuren Menschen aus der ganzen Welt für die ganze Welt.

Pyramiden

Der Jurist hat eine Vorstellung von der Welt, die auf einzigartige Weise gebaut ist, nämlich von oben nach unten aus lauter pyramidenförmigen Leitern, die aus zweierlei Sprossen bestehen: aus Begriffen und aus Wörtern. Die Doppelstruktur der Welt aus Begriffen und Wörtern so zu erlernen, dass vernünftige Gespräche zwischen Juristen und Orthopädinnen, Richtern und Zeugen, Rechtsanwältinnen und Ingenieuren nur noch ausnahmsweise möglich sind, ist die Aufgabe und der eigentliche Inhalt des Jurastudiums.

Qualitätsjournalisten

Verehrte Qualitätsjournalisten! Lassen Sie mich sagen, dass ich diesen Begriff, den Sie für sich ausgewählt haben, um sich von irgendeinem verachteten Untergrund zu differenzieren, wenn er nicht dabei ist, ausgesprochen albern finde.

Rache

Was will und was ist Rache? Nicht Vergeltung von Schicksal: An der Natur kann man sich nicht rächen. Rache ist Vergeltung von Übel an einem dafür Verantwortlichen. Wie diese Verantwortung konstruiert wird, ist zunächst egal: Es kann Magie sein, böser Wille oder Besessenheit, freie Entscheidung oder bloße Kausalität. Deshalb ist Rache nicht gleichzusetzen mit »Gerechtigkeit«.

Rasen

Raser sind die irren Drängler, die tiefer gelegten Ampelhoppler, die verantwortungslosen Zone-Dreißig-Ignorierer, die wir pflichtgemäß verachten. Sie stehen entweder auf der Spur neben uns oder kommen von hinten angerast, meist »plötzlich«, »verantwortungslos« oder »notorisch«. Es gibt kaum jemanden, den wir hassen wie diesen: »Rotlichtsünder« und Blitzer-Opfer sind wir selbst, in menschlich verständlicher Eile und unter dem Zwang der Hektik um uns her. Der Rechtsüberholer aber ist der Teufel. Er verachtet die Regeln, nach denen wir ihn besiegt haben.

Rationalität

Wer sich einmal auf diesen Weg begeben hat, bewegt sich auf abschüssiger Bahn: Die Götter sind zum Deal bereit, sagt die Dialektik der Aufklärung, wenn der Mensch ihnen nur ein bisschen entgegenkommt. Okay, sagt Odysseus: Wie viel Ewigkeit habt ihr anzubieten für wie viel Wahrheit? Damit begeben wir uns auf den Weg in die Moderne.

Rausch

In den 500 000 Jahren unserer Geschichte haben wir Menschen uns mithilfe von Substanzen in einen Zustand des Rausches, der Exzeptionalität, der Unlogik, des Schwindels über der Ewigkeit versetzt und werden dies gewiss auch in den nächsten 100 000 Jahren tun. Hieraus ergibt sich, verehrtes Bundesverfassungsgericht, zwar kein ewiges Menschenrecht auf Rausch. Aber doch immerhin vielleicht eine kleine Vorstufe davon.

Reaktionszeit

Manche Menschen haben eine extrem kurze Reaktionszeit. Die besten von ihnen werden Formel-1-Fahrer oder spielautomatensüchtig. Andere treten bei »Wetten, dass …?« auf und können innerhalb von jeweils 300 Millisekunden die Autokennzeichen von 147 schwedischen Landkreisen erkennen, sich merken und in kyrillischer Schrift an eine Tafel schreiben. Unten sitzt der Sachverständige und sagt: »Super!«

Andere Menschen haben eine gegenüber dem Durchschnitt geringfügig verzögerte Reaktion. Sie hoppeln zum Beispiel im ersten Gang in eine weiträumige Kreuzung ein und, mit Glück, nach geraumer Zeit auch wieder heraus. Es rumpelt hier, es scheppert dort; die Lichtzeichenanlage zeigte »Rot«, etwa 1,5 Sekunden bevor sie in die Kreuzung einfuhren. Ich habe als Beifahrer neben Menschen gesessen, die mit Tempo 25 unter ohrenbetäubendem Krachen zwei geparkte Rückspiegel abrasierten, nach 100 Metern ein sanftes Bremsmanöver einleiteten und dann fragten, ob da möglicherweise etwas gewesen sei.

Recht auf Rausch

Ach, was haben wir gelacht! »Recht auf Rausch« aus Artikel 2 Absatz 1! Grundgesetz! Da erbricht sich der deutsche Verfassungsrechtler vor Lachen hinter das Hacker-Pschorr-Zelt oder unter die Kamellen-Kanone am Heumarkt in Köln.

Recht und Gewalt

Recht liegt, bildlich gesprochen, eine kleine Sekunde oberhalb der Gewalt und kann sie deshalb verhindern, indem es sie symbolisiert.

Recht und Interesse

Man muss sich mit dem Gedanken anfreunden, dass »Gerechtigkeit« und »Richtigkeit« zu unterschiedlichen Zeiten jeweils durchaus Unterschiedliches meinen können, denn das Recht steigt nicht aus den Höhen herab zu den Menschen, Zwergen und Ameisen, sondern ist »geronnenes Interesse«, verdichtete Kommunikation, ein Eintopf aus allem – mal mehr, mal weniger dickflüssig.

Rechtsausschuss

Die sieben Sachverständigen treffen sich bei fast jeder Anhörung wieder und kennen ihre Gutachten vermutlich gegenseitig auswendig. Ihre Positionen leiten sie wechselseitig voneinander ab, indem etwa eine sachverständige Hochschullehrerin ein Gutachten im Auftrag des Vereins einer anderen Sachverständigen schreibt, die als dessen Sprecherin sodann dieses Gutachten lobt und preist, was wiederum die erste Sachverständige als Beleg für die Überzeugungskraft ihres neuen Gutachtens wertet. Das übliche Spiel also, wenn es Lobbygruppen darum geht, Schlachten zu schlagen, in denen keine Gefangenen gemacht werden.

Rechtsbeugung I

Die Rechtsdogmatik meint: Illegale Deals sind ganz hart an der Grenze der »Rechtsbeugung«, also der vorsätzlichen Falschentscheidung, und gelegentlich darüber hinaus. Wer so etwas sagt, raunen die anderen, ist ein Feind in den eigenen Reihen. Das täuscht.

Rechtsbeugung II

Für den einzelnen Richter kann sich eine Rechtspflicht zur Strafanzeige ergeben; auch unter dem Gesichtspunkt der Pflicht zum Verhindern einer rechtswidrigen Freiheitsberaubung durch rechtswidrige Strafhaft. Wenn man dies auf Tagungen von Richtern, Strafrechtswissenschaftlern oder Strafverteidigern vorträgt, wird das als »umstritten« bezeichnet, als »polemisch« oder »überzogen«. Eine Antwort inhaltlicher Art erhält man kaum einmal. Vielmehr herrscht die Hoffnung, dass die teuflische Lehre durch bloßes Schweigen vernichtet werden möge.

Rechtsfortbildung

Das Gesetz sagt nicht, was eine »Bande« ist: Das müssen sich der Bürger und der Gesetzesanwender selbst überlegen. Der BGH meint seit März 2001, eine Bande bestehe aus mindestens drei Personen. Zuvor sagte er 30 Jahre lang, zwei Personen reichten. Jeder, der das Gegenteil meinte, war im Unrecht, eine »Mindermeinung« oder gar eine Art Querulant.

Rechtsordnung

Die Ordnungen der Welt sind allesamt gemacht: Zwiebelschale auf Zwiebelschale. Und in jeder Haut stecken alle Ingredienzien der Wirklichkeit: Macht und Ohnmacht, Reichtum und Armut, Produktion und Verzehr.

Rechtspraxis

Noch der großmächtigste Jongleur aller Theorien aller Jahrhunderte vergisst niemals zu erwähnen, dass er Mitglied irgendeiner Kommission zur Reform von irgendwas gewesen sei, in der es vor allem auch um »die Belange der Praxis« ging, oder dass er mit einem Zehntel seiner Arbeitskraft an einem wirklichen Oberlandesgericht echte Akten über lebende Menschen lese.

Rechtssprache

Im Verschärfungsdeutschland von 2016 wird so lange geschrien, strafloses Verhalten sei ein »Verbrechen«, das nicht bestraft werden kann, bis niemand mehr weiß, worum es überhaupt geht. Man könnte, wenn man wollte, die Beschäftigung einer rumänischen Minijobberin für 11 Euro pro Stunde Fensterputzen im Haushalt einer Rechtsanwältin, die unter 200 Euro pro Stunde den Montblanc nicht in die Hand nimmt, »Verbrechen« nennen.

Dann müsste man sagen: Nur zwei Prozent der Menschenrechtsverbrechen in Deutschland werden angezeigt, und davon werden maximal 10 Prozent verfolgt. Ist ja gut, Verzeihung! War ja nur mal so gefragt! Bestimmt ist es viel schlimmer, an der Bar eines Clubs an den Hintern gefasst zu werden, als nachts die Büros, morgens die Hotelzimmer und nachmittags die Autos von IT-Spezialisten zu putzen!

Rechtsstudium

»Jura« ist nicht ein Fach der Welt-Erkenntnis, sondern eines der Lebenswelt-Beherrschung. Wer das verstanden hat, dem erscheint das Recht nicht mehr, wie im ersten Semester, als ein unvorstellbar komplexes Korallenriff, sondern als ein in klaren Linien organisierter Gärtnereibetrieb mit sich selbst als Master of the Universe in der grünen Schürze. HNO-Ärzte, die sich bis ans Ende ihrer Tage durch fremde Nasennebenhöhlen tasten müssen, können sich so etwas Schönes gar nicht vorstellen.

Rechtstreue, upside-down

Die Rettung für die Vorstände und Geschäftsführer naht nicht aus dem Willen zum Anstand. Sie folgt vielmehr aus der Installation »einer Compliance«: einer Abteilung, die für die Rettung der Geschäftsführung verantwortlich ist.

Rechtsunterworfene

Selbst Medizinstudenten erleben nach Bestehen des Physikums während ihres Hauptstudiums den einen oder anderen leibhaftigen Menschen, genannt »Patient«. Anders die Juristen: Ein Fall ist ein Fall ist ein Fall. Ein Fall ist »ein Sachverhalt«, dieser ist lang oder kurz, so wie später die Akten dick oder dünn sind. Ob darin Menschen wohnen, weiß man nicht genau. Zwölf Semester lang und noch einmal 18 Monate heißen alle Schuldner S., alle Gläubiger G., alle Täter T. und alle

Opfer O. Wie lange kann man das einüben, bis sich die Überzeugung eingebrannt hat, das eigentlich Störende an den Fällen seien die Menschen?

Rechtswissenschaft

Das Rechtsstudium müsste nicht Rechtstechnik bevorzugen, sondern Rechtsverständnis. Nicht Beliebigkeit, sondern Verantwortung. Nicht Rechtsbelanglosigkeit, sondern Rechtsfolgen. Es müsste die Entstehung und Bedeutung von Normativität zum Inhalt haben, die beschränkte Steuerbarkeit der Wirklichkeit durch das Recht und die überwältigende Steuerung des Rechts durch eine von wirtschaftlichen Interessen dominierte Wirklichkeit. Es müsste Gemeinsamkeit, Austausch, Diskurs, Gleichberechtigung herstellen statt »herrschender Meinungen«. Es müsste den Juristen nicht als Beherrscher der Gesellschaft ansehen, sondern als deren Dienstleister. Rechtslehre als Wissenschaft vom Menschen statt als Technik seiner Entmündigung! Das wäre ein Anfang.

Reformbedarf

Seit dreißig Jahren sinkt die Zahl der Sexualstraftaten kontinuierlich: Wann, wenn nicht jetzt, ist also allerhöchster Alarm vonnöten?

Reklame, sexistisch

Ich bekenne: Sexistische Reklame war mir, seit frühester »Reader's Digest«-Lektüre, stets eine Freude. Ich fand es immer wunderbar, wie schön all die Frauen waren, die Klöße kochten, Fingernägel in Seifenlauge tauchten, Böden zum Strahlen und Locken zum Tanzen brachten. Samstags, wenn Beichte war, bekannte ich aufrichtig, dass ich schon wieder jede Menge unkeusche Gedanken gehabt hatte, bereute zehn Ave-Maria lang (mit etwas Übung: eine Minute dreißig) und entflog alsbald wieder in die Welt der liebesglühenden Stewardessen und vibrierenden Borgward-Fahrerinnen, der Fliesenputzerinnen in kürzestmöglichen Kittelschürzen und all der anderen Engel der Warenwelt, die mir in die Augen sahen und flüsterten: Welcome back, kleiner Prinz.

Relativität

Wenn schon die Frage, ob einer zu Recht ein »Superstar« oder ein »Topmodel« werden und zwölf Millionen Dollar im Jahr für den Friseur oder den Koksdealer ausgeben kann, praktisch nicht mehr lösbar ist in einem Kosmos, in dem Herr Karadžić vierzig Jahre für 8000 Morde kriegt und Herr Assad einen warmen Händedruck vom Außenminister, ein Dieb in Frankfurt drei Monate und in Shanghai 20 Jahre, wenn also alles möglich ist und 30 TV-Kanäle 20 Stunden am Tag von »Gerechtigkeit« quaken – wäre es dann nicht an der Zeit, sich mehr Zeit zu nehmen für die grundlegenden Fragen des Strafens?

Religio

Der Islam ist kläglich gescheitert vor Wien, und eintausend andere Erlösungsfantasien ebenso. Die Päpste weinen und schreiben sich die Finger wund, die Propheten murmeln vor sich hin, Präsidien der evangelischen Kirche träumen schwer. In der Ukraine schwenken die Popen Weihrauchfässer, in der Mongolei bereitet man sich vor auf die Erscheinung des Erlösers. Derweil kaut der Altenburger Neonazi einen germanischen Döner, und Shell bohrt eine Rohrleitung zum Mittelpunkt der Erde: Take the control of the heart of the sun.

Religionsbeschimpfung

Würde man den Tatbestand des Paragrafen 166 des Strafgesetzbuchs ernst nehmen, müssten ständig Prozesse wegen »Beschimpfung« der Botschaften von fünfzig Religionen oder ihrer »Einrichtungen und Gebräuche« geführt werden.

Repetitorien

Kürzlich sagte mir ein deutscher Strafrechtsprofessor: Es läuft doch ganz gut mit unserer universitären Ausbildung. Es gelingt uns zuverlässig, die Studenten bis zu einem Standard auszubilden, der es ihnen erlaubt, erfolgreich ein Repetitorium zu besuchen. Er meinte das natürlich ein bisschen ironisch. Aber es ist viel Wahres daran.

Revisionsgericht

Wenn morgen das Fressen von Kartoffelpuffern mit Freiheitsstrafe von bis zu zehn Jahren bedroht wird, wird der deutsche Revisionsrichter einen Teufel tun und sich überlegen, ob das etwas mit der Verfassung zu tun hat. Denn zu was, Kollegen, sind wir gewählt, wenn nicht zur Verwerfung von Revisionen?

Revisionsrichter

Wer in der Endkontrolle eines Hochtechnologie-Unternehmens arbeitet, muss mehrere Voraussetzungen mitbringen und gewisse mentale Anforderungen erfüllen. Über allem steht: Er oder sie muss die Bereitschaft haben, Fehler zu finden. Ein überdrehter, kleinkarierter Fanatiker ist hier ebenso fehl am Platz wie ein Charakter, der meint, man müsse es »nicht immer so genau« nehmen, und dessen oberste Prüfungsregel ist, den armen Kollegen aus der Produktion möglichst keine Schwierigkeiten zu machen.

Richter

Bei Richtern handelt es sich um ganz normale Menschen, die allen anderen ähnlich sind. Sie sind nicht weiser, nicht neutraler – nicht gerechter. Hieraus sollte man aber nicht folgern, dass ihre Urteile nichts wert sind. Vielmehr muss man verstehen, dass deren Wert unter den Bedingungen des demokratischen Rechtsstaats nicht auf Charisma oder Gewalt beruht, sondern auf der Einhaltung von Verfahrensformen, die als allgemein verbindlich angesehen werden. Auf einer Macht also, die aus demokratischen Legitimationen abgeleitet ist und substanziell ruht auf der Offenheit von Begründung, Kritik und Kommunikation.

Richter, anständig

Ein anständiger Richter tut so etwas nicht! Das ist wahr. Aber es gibt nicht bloß anständige Menschen, selbst unter Richtern nicht. Deshalb wäre es besser, nicht bloß den Anständigen zu vertrauen, sondern für die Unanständigen eine Regelung zu schaffen, die es ihnen möglichst schwer macht.

Richter, übermenschlich

Wenn fünf Menschen eine Reise machen, ein Buch lesen oder einen Film anschauen und anschließend den Ablauf und Inhalt neutral und sachlich wiedergeben sollen, dann entstehen fünf verschiedene Abbilder. Wenn fünf Zeugen einen Verkehrsunfall beobachten und anschließend vernommen werden, entstehen fünf subjektive Hergangsschilderungen, beeinflusst durch Interessen, Wahrnehmungsfilter, Sprache, Erinnerungsfehler. Das gilt immer und für alle Menschen. Nur eine einzige Ausnahme soll es geben: den Bundesrichter in Strafsachen. Dieser kann – ohne jegliche spezifische Ausbildung – 200 Seiten Akteninhalt so vortragen, dass sich ein absolut neutrales Bild des Inhalts vermittelt, und zwar selbst dann, wenn der Akteninhalt aus lauter Wertungen und Interpretationen besteht.

Richterbeförderung

Die »Beförderung« von Richtern und Staatsanwälten muss eine geheimere Kraft symbolisieren als die Brosamen von den Tischen der Reichen in unserer Gesellschaft. Wenn die Richterin am Amtsgericht Frankfurt durchs dortige Westend fährt, wo die 100-Quadratmeter-Wohnung 800 000 Euro kostet, muss sie die innere Kraft aus etwas anderem beziehen als aus der Teilhabe am Reichtum. Die Währung, in der sich dieser Extraprofit bemisst, ist nicht Geld. Die Währung ist Macht oder deren Imagination.

Richterbild

Es treten die Verteidiger des (vortrefflichen) »Richterbilds« gravitätisch aus den Büschen: Wie kann man nur anzunehmen erwägen, meinen sie kopfschüttelnd, ein deutscher Richter lasse sich durch Druck bewegen, die heilige Pflicht der Unabhängigkeit zu vernachlässigen? Gibt es denn, ihr Nestbeschmutzer, einen einzigen Beweis, dass jemals ein Richter so oder so gestimmt hat, bloß weil er sich anpassen wollte, weil er befördert werden wollte, weil die meisten Menschen es nicht aushalten können, fünfzehn Jahre lang Außenseiter zu sein? So bastelt man sich die Wirklichkeit des Seins aus den Puzzleteilen des Sollens und ist anschließend beeindruckt von der Größe der Kraft, die einem aus dem Spiegel entgegenblickt.

Richterdienstgericht

Von 120 BGH-Richtern nahmen die Gelegenheit, an jener ersten jemals geführten öffentlichen Verhandlung über die Grenzen der Eingriffsbefugnis eines BGH-Präsidenten teilzunehmen, insgesamt zehn wahr. Der Rest bearbeitete derweil Akten und hatte keine Zeit. In die Verhandlung wurde vom Präsidenten eine wissenschaftliche Hilfskraft entsandt, die die Zuschauer aus dem Haus namentlich aufschrieb und ihre Verweildauer notierte. Mittags gab's Leberkäs mit Schwenkkartoffeln. Die Presse analysierte: Niederlage für Rebellen.

Richterhierarchie

Die Tätigkeit am Landgericht ist nicht »schwieriger« als am Amtsgericht, die am Bundesgerichtshof nicht »schwieriger« als am Landgericht: nur anders. Warum ein Strafkammervorsitzender am Landgericht nach Stufe R 2 besoldet wird, ein Beisitzer am BGH nach Stufe R 6, ist in der Sache nicht nachvollziehbar.

Richterkönig

Der deutsche Richter ist kein König wie der englische oder der italienische. Das weiß er auch. Er tendiert seinem Wesen nach zum Beamtentum, also zu einer »Laufbahn«. Er möchte Deutschland dienen. Was dies ist, weiß er nicht immer genau. Im Zweifel meint er daher, dass er Deutschland umso näher sei, je mehr sich die Ziffer seiner Besoldungsgruppe der Unendlichkeit annähert.

Richterpolitik

Richter »vollziehen« nicht allein Politik, sondern »machen« sie Tag für Tag. Die meisten sind auch superstolz darauf. Nur wenn sie nach ihrer Verantwortung gefragt werden, schnurren die Helden des Richterrechts binnen Sekunden zu verhutzelten Zwergen der »neutralen« Rechtsumsetzung zusammen und haben niemals nicht mit Politik zu tun gehabt und ganz bestimmt niemals etwas anderes als ihre Pflicht getan. Jedenfalls nicht vorsätzlich. So schleppt sich die Justiz durch die Jahrhunderte. Sie hängt die Ölgemälde ihrer verflossenen Chefpräsidenten an die Wände, als hätten uns diese etwas zu sagen.

Rücktritte

Wir erfuhren, dass »ein erster Rücktritt« (ganz wichtig das Ordinalwort – wir kennen es aus »erste Tote«, »erste Opfer«) erfolgt sei oder dass auf irgendwelche Personen »der Druck zunimmt«.

Zu diesem Zeitpunkt liegen alle Politiker mit Überlebenswillen bereits in den Straßengräben in Deckung, über dem Kopf eine Tarnkappe aus dem Gras der Ahnungslosigkeit. Auf freiem Feld – immerhin noch in den Ackerfurchen – ducken sich die Staatssekretäre und Ministerialdirektoren. Nur die Referatsleiter radeln pfeifend zum Dienst, wie jeden Tag, das Lederrucksäckchen umgeschnallt.

Sand im Getriebe

Es sind immer die quer liegenden Reiskörner, die als sperrig auffallen – welche sonst? Die Qualität eines Systems zeigt sich daran, wie es mit Ausnahmen umgeht.

Schelte

»Presseschelte« ist ein Empörungswort von menschlichen Presse-Organen darüber, dass jemand die Ergebnisse ihrer Arbeit kritisiert. Art. 5 Abs. 1 Satz 2 Grundgesetz sagt: Die Pressefreiheit sowie die Freiheit der Berichterstattung durch Rundfunk und Film werden gewährleistet. Wie kann sich da jemand unterstehen, einen unqualifizierten Schmierfinken zu nennen, was er ist? Zugleich gewährleistet die Pressefreiheit natürlich jedem Dummkopf das unbegrenzte Recht, die Arbeitsergebnisse jeder beliebigen anderen Profession als Müll zu entlarven.

Herr Schirach

Der Autor Schirach ist bekannt geworden als Verfasser von Büchern, die angeblich authentische Fälle nacherzählen, die der Verfasser als »Strafverteidiger« erlebt zu haben behauptet. Ich will mich auf diese Debatte nicht einlassen, und mir ist es egal, ob der »Bärentöter« des Rechtsgelehrten Schirach handgeschnitzt ist oder aus dem Baumarkt stammt. Nur treffen sollte er gelegentlich. Daran mangelt es leider in bedenklichem Maße.

Schirach und Kant

Moral und Recht, so wird der Zuschauer ein ums andere Mal belehrt, seien strikt zu trennen. Das soll sich angeblich irgendwie aus Kant ergeben. Leider ist dieser Holzschnitt so falsch, dass man sich schämen sollte, sie Herrn Kant nachzurufen. Denn die Behauptung, wie sie Schirach und seine Drehbuch-Künstler vortragen, desavouiert ja gerade das, was Kant am wichtigsten war.

Schlepperunwesen

Es fragen der syrische und der libysche und der schwarzafrikanische Passagier, allesamt des Schwimmens und unserer Dogmatik unkundig: Sagt mir, verehrte Ordinarien, wer daran schuld ist, dass meine Kinder und ich ersaufen müssen im Mare Nostrum? Haben ich und die Meinen nicht zweihundert Jahre lang alles getan, um uns ein Stück von eurer Rechtspflicht zu verdienen? Da schüttelt sich der deutsche Strafrechtsprofessor und spricht: Wir wollen erst einmal gründlich prüfen, was uns das internationale Recht über die Rechtspflichten im Mittelmeer vorschreibt. Gleich nächste Woche wird das als Dissertationsthema vergeben. Ich aber, Ordinarius Supremus, werde den Teufel tun und mich in Einsätze von Kriegsschiffen gegen Flüchtlingsboote einmischen. Dafür werde ich nun wirklich nicht bezahlt.

Schlussstriche

Von einem »Schlussstrich« kann heute so wenig die Rede sein wie vor 50 Jahren. Er ist erst gezogen, wenn unsere Nachkommen nicht mehr an ihn denken.

Schmerz

Der Schmerz ist des Deutschen liebstes Leiden an der Welt: Tonnen von Paracetamol, Ibuprofen und Acetylsalicylsäure – von den »Plus«- und Sprudelvarianten sowie den Mischungen mit Amphetamin-Derivaten ganz zu schweigen – spült er täglich mit direkt gepresstem Sauerkrautsaft hinunter, um die Auswirkungen all der Sorgen und Ängste im Griff zu halten, die ihn quälen: Kopfweh, Rückenweh, Zahnweh, Knieweh, Bauchweh, Herzweh, Bauchspeicheldrüsenweh, schon wieder Rückenweh, Ohrenweh, Nebenhöhlenweh, Gehirnweh. Ach Gott, das ist der Stress! Das ist die neue Zeit, was will man machen! Der Pro-Kopf-Verbrauch von zehn Litern reinen Alkohols pro Jahr (83 Liter Wein oder 25 Liter Wodka, für alle Deutschen vom Säugling bis zum Pflegefall) trägt zur nationalen Kopfschmerzlage das Seine bei.

Schuld

Was ist Schuld? Die Rechtswissenschaft ist schnell bei der Hand mit Antworten: Verantwortlichkeit für (negative) Erfolge, Zuschreibung von Ursächlichkeit, Vorwerfbarkeit schädlicher Einstellungen und Handlungen. Keine Schuld ohne Reflexion. Keine Reflexion ohne Spiegel. Die Funktion von »Schuld« ist zunächst eine sozial absolut grundlegende: Sie ist die Widerspiegelung der Ergebnisse empathischer Wahrnehmungsfähigkeit und der Selbstreflexion vor normativen Anforderungen.

Schuldfähigkeit

Einen wie uns selbst können wir verstehen, missbilligen, motivieren; wir können ihm Angebote machen, aus welchen Gründen er bei uns bleiben oder zu uns zurückkehren sollte. Wir bestrafen ihn, aus welchen Gründen auch immer, und behaupten, dies sei die zwingende Folge seiner Schuld. Anders beim Wahnsinnigen, Irren, Verrückten: Welche Pflicht sollte er haben? Welche Regel sollte er befolgen? Welches Geschäft können wir ihm anbieten?

Schützenfest

Ein Schützenfest im Sauerland. Ich war lange nicht mehr dort, kann also nur von meiner letzten Expedition berichten. Stellen Sie sich Folgendes vor: ein Dorf zwischen Fichtenhängen, dessen 1500 Einwohner es einmal jährlich unternehmen, innerhalb von drei Tagen 200 Hektoliter Bier zunächst zu trinken und dann wahlweise durch Erbrechen oder Urinieren wieder auszuscheiden. Bei 20 Prozent Kindern und Bettlägerigen sind das 15 Liter pro Schützenschwester. Ist das schon Wahnsinn oder noch Heimat?

Frau Schwarzer

Verfahren, Urteil, Rechtsstaat: Alles scheißegal – wir kennen den Täter, und wenn er noch so freigesprochen ist. Frau Schwarzer ist ja immerhin Ehrenpräsidentin der Internationalen Kachelmann-Stiftung für herausragende Strafrechtskenntnisse.

Schweigerecht

Diese Beate Zschäpe. Erst weigert sie sich, im Olympiastadion zu verhandeln. Dann grinst sie im Gerichtssaal herum, gibt keine Interviews, schaut auf ihren Laptop, plaudert Vertrauliches, ohne dass wir es hören können, mit ihren zahllosen Verteidigern und »schüttelt ihre braune Mähne«. Im Qualitätsjournalisten erwacht ob so viel Unbotmäßigkeit der Richter Gnadenlos: ein Aufheulen der Moral, ein Schlachtfest des gesunden Menschenverstands. Man könnte auch sagen: eine beschämende Missachtung des Rechtsstaats, als dessen moralische Speerspitze man sich geriert.

Selbstreflexion

Man kann und sollte als Richter die eigenen Erfahrungen und Vor-Urteile halbwegs im Griff, das heißt im Bereich des Bewussten haben, wie ein Psychotherapeut seine Gefühle im Gespräch mit dem Patienten. Psychotherapeuten lernen das. Auf Juristen kommt es durch Bestehen des Staatsexamens herab.

Sexmob

»Zwölf Wiesn-Tipps für Frauen«, 2014: »Niemand sollte das Oktoberfest allein oder mit einem Unbekannten verlassen. Verlassen Sie das Zelt nur mit einer vertrauten Person.« In den vergangenen zehn Jahren stieg die Zahl der sexuellen Nötigungen kaum einmal über 150 pro Wiesn-Wochenende. 2016 hob an zu sprechen der Herr Bundesminister der Justiz und für Verbraucherschutz: »Die abscheulichen Angriffe auf Frauen werden wir nicht hinnehmen. Alle Täter müssen konsequent zur Rechenschaft gezogen werden!« Das sagte er aber nicht in München.

Sicherheit

Was ist Sicherheit? Viele werden sagen: Das weiß doch jeder. Stimmt aber nicht. Sicherheit ist kein Zustand, wie er in der Natur vorkommt: Eis statt Wasser, Wachstum statt Niedergang, Helligkeit statt Dunkelheit. Sicherheit ist in sehr weitem Bereich, was wir uns darunter vorstellen. Und die Vorstellung wandelt sich über die Zeiten, in den sozialen Strukturen, zwischen Menschen, selbst in der individuellen Biografie. Was uns als Jugendlichen sicher erschien, mutet uns als alte Menschen höchst gefährlich an, und gelegentlich umgekehrt.

Sicherheit, zu Hause

Leidet eigentlich die Sicherheitslage in Afghanistan, Ägypten, Tunesien oder Israel daran, dass die Polizei dort noch nicht genug Eingriffsbefugnisse hat? Ist Guantánamo ein Vorbild für den deutschen Umgang mit dem Breitscheidplatz? Wir müssen mit einem Risiko leben. Das haben die Menschen zu allen Zeiten getan, und meistens waren die Risiken deutlich größer, als sie es heute bei uns sind.

Sicherungsverwahrung

Heute gilt Sicherungsverwahrung wieder als Wundermittel der Beruhigung. Gerichte verhängen sie – unbedingt, bedingt, nachträglich oder vorläufig –, als sei nichts geschehen; die Medien feiern sie als den ultimativen Schutz »unserer Kinder«. Es befinden sich wenige Untreue- und Betrugstäter im Vollzug dieser Maßregel. Auch Völkermörder, Geldwäscher, Umweltvernichter trifft man dort nicht, auch keine Finanzjongleure von Hochrisikobanken.

Silikon

Seit Russ Meyer sprach: »Alle meine Schauspielerinnen haben zwei Dinge gemeinsam«, versinkt die Welt in Implantaten, von denen 99 Prozent nicht der karzinombedingten Rekonstruktion, sondern der Erhöhung des sexuellen Grunderregungspotenzials Mama-fixierter Männer dienen. Anständige Journalisten lassen sich spätestens nach dem zweiten Bier keinen Holz-vorder-Hütte-Witz entgehen, verachten aber pflichtgemäß einen Bauunternehmer aus Wien, der Pamela Anderson für einhunderttausend Dollar zum Opernball führt. In Wahrheit ziehen sie eine Triefspur der Sehnsucht hinter Kim Kardashian her wie mein Mastiff hinter dem Nassfutter.

Silikonfrei

Die Schauspielerin Sophia Thomalla hat ihre bedeckten, silikonfreien Brüste vorgezeigt und wie folgt untertitelt: »Kleine Titten sind wie Flüchtlinge: Sie sind nun mal da, aber eigentlich will man sie nicht.« Diese lyrische Hochzeit zwischen den zwei großen Themen unserer Zeit hätte selbst die Herausgeberin einer bedeutenden Frauenzeitschrift nicht markanter formulieren können.

Sittlichkeit und Geld

Ist freiwillige Prostitution unmoralisch? Die Schnulze sagt: Nein (siehe Irma la Douce; Pretty Woman; Asphalt-Cowboy). Unsere Rechtsprechung weiß es nicht ganz genau; solche Sachen brauchen halt. Für das Strafrecht interessant ist die Frage, was passiert, wenn Prostituierte und Freier einander betrügen: Nach herrschender Meinung ist der Freier betrogen, wenn die Prostituierte nach Zahlung seines »guten Gelds« nicht leistet. Umgekehrt soll die Prostituierte aber nicht betrogen sein, wenn der Freier mit Falschgeld zahlt: Denn ihre Leistung ist ja »sittenwidrig« und daher nichts wert. Das ist eine grob unbillige Konstruktion.

Richtig wäre: Der mit Falschgeld bezahlende Freier ist wegen Betrugs zu bestrafen.

Sozialbetrug

Wie oft haben Sie, Mecklenburger, 1989 das Begrüßungsgeld kassiert? Wie oft haben Sie die Konten Ihrer Muttis und Omas geteilt, um den Umtauschkurs von eins zu eins zu kriegen? Es ist nicht so, dass ich es Ihnen neide. Das waren sowieso nur Almosen, die Euch auf eigene Kosten überwiesen wurden. Aber immerhin: Nach 25 Jahren könnte man zugeben, dass man ein Mensch war. Also hat der in sich selbst geflohene Salzhemmendorfer abgegriffen, was abzugreifen war: Bananen und Autobahnen, Begrüßungsgeld und eine halbe Billion Euro Anschub zum Blühen der Landschaft. Das sind fünfhunderttausend Millionen. Seit die verbraucht sind, leidet man wieder sehr unter der sozialistischen Mangelwirtschaft.

Sozialdemokrat

Pegida demonstriert für die deutsche Frau. In solchen Zeiten der Not kennt der deutsche Sozialdemokrat nichts, da greift er zum letzten Mittel: Er tut einfach, was Pegida will.

Soziale Medien

Während alles in eine beliebige Unendlichkeit hineinexplodiert, versichern uns die Moderatoren des Lebens, sie seien auf der Spur der Gerechtigkeit und des Friedens, und viele von ihnen glauben das tatsächlich. Das ist natürlich kompletter Unsinn; das Gegenteil ist Ziel und Funktion: Indem die Verhältnisse unseres Lebens in eine Million Trivialitäten zerlegt und bis zur buchstäblichen Erschöpfung zerredet werden, entziehen sie der Gemeinsamkeit selbst Form und Sinn.

Sport Utility

Die Berührung eines Zweieinhalb-Tonnen-SUV an einer seiner gläsernen oder kohlenstoffenen Außenseiten führt unweigerlich zum Bersten der gesamten Heck- oder Frontschürze, was wiederum mit dem finalen Zusammenbruch der dort angebrachten Multisensorik sowie in der Folge leider auch der Aufhängung des Rammschutzes führen muss. Eine Achsvermessung ist unvermeidlich. Wollen wir hoffen, dass wenigstens die Reifendruckkontrolle, das ABS und das DSC es überstanden haben.

Sprache

Wer Jurist werden will, muss lesen und sprechen lernen, falls er/sie es nicht schon mag. Das einzige Hilfsmittel der Jurisprudenz ist die Sprache. Wer sie nicht mag, kann unmöglich ein guter Jurist werden. Wer nicht klar schreiben kann, der kann auch nicht klar denken. Das ist eine bittere, aber unabweisbare Erkenntnis. Deshalb sollten Jurastudenten ab und zu ein Gedicht schreiben, wie früher.

Sprachsilikon

»Die Spielerinnen rennen aufs Feld. Ihre knappen Höschen enden haarscharf an der Schamhaargrenze. Ihre Bustiers werden von überdimensionalen Silikonbrüsten gesprengt.« Mit diesen erregenden Worten geißelte »Emma«, Fachzeitschrift für Sexualstrafrecht und Zentralorgan des Gina-Lisa-Teams, einen »neuesten Trend« in irgendeiner Sportart. Das Model Lohfink als eine »Frau mit dicken Silikonbrüsten« zu bezeichnen heißt, wenn Sprache noch einen Sinn haben soll, Holz in den Wald tragen.

Staat

Der Bürger ist klein, schwach und vergänglich, der Staat aber groß, mächtig und ewig. Dem Staat ist es im Grundsatz egal, ob sein Bürger Hugo oder Heino heißt, ob er sensibel oder robust, einsichtig oder widerspenstig, enttäuscht oder begeistert ist: Hauptsache, er hält sich an die Regeln; den Rest kann er abends im Bettchen besprechen, mit wem er will.

Staatsprüfung

Der extreme Druck, der dem Jura-Examen innewohnt, kommt nicht aus der Sache, sondern aus den Umständen.

Stellen Sie sich Folgendes vor: Sie studieren Elektrotechnik. Während des Studiums und im Examen wird mit allen Mitteln verhindert, dass Sie so arbeiten, wie es den praktischen Bedingungen des Ingenieursberufs entspricht: Sie müssen alle mathematischen Formeln von Hand ausrechnen. Sie dürfen keine Verzeichnisse von DIN-Normen oder technischen Standards benutzen, sondern müssen alle möglicherweise examensrelevanten Vorschriften auswendig lernen und kritiklos anwenden.

Statistik

Niemand, der Opfer einer Straftat wurde, findet es witzig. Niemand kann es ertragen, sich selbst und das eigene Leid als Statistik behandelt zu finden. Trotzdem und gerade deshalb bleibt die Aufgabe der Unterscheidung und der Genauigkeit.

Sterbehilfe

Ärzte sind in ihrem Auftrag nicht ihrer Landes- oder der Bundesärztekammer verpflichtet, sondern ihren Patienten. Die drohende Regelung in den Grundsätzen der BÄK zur Sterbehilfe: »Die Mitwirkung des Arztes bei der Selbsttötung ist keine ärztliche Aufgabe«, die ebenso der Deutsche Ethikrat vertritt, ist ein hilfloser

Versuch, Grenzen zu ziehen, wo der Natur der Sache nach keine sein können.

Sterben

Wir brauchen eine positive »Kultur des Sterbens«. Eine Alltagskultur also, die den individuellen Tod und den Tod als gemeinsames, das Menschsein von Anfang an prägendes Schicksal wieder zurückholt in die Wirklichkeit des (gemeinsamen) Lebens. Damit ist keine Kultur der Finsternis und der depressiven Verstimmung gemeint, sondern eine der Lebensbejahung, der Freude und der Selbstbestimmung. Eine Kultur also, in der die Bestimmung über das eigene Leben dem Staat und allen Ideologien entzogen ist.

Sterben, frei

Beim eigenen Tod wird es schwer mit dem freien Willen. Der »Dammbruch« ist eines der großen Geheimnisse der Zivilisation und eine Gefahr sondergleichen. Beim Leiden und Sterben kann man uns nicht vertrauen; gerade hier wissen es die GesetzgeberInnen besser. Obwohl sie doch gerade an diesem Punkt immerzu beteuern, dass sie allein »als Menschen« abstimmen, ganz persönlich, ganz ohne demokratiegefährdenden Fraktionszwang, wie er angeblich neuerdings im türkischen Parlament herrschen soll.

Sterben, geregelt

Die paternalistische Verwaltung des Sterbens und die gnadenlose strafrechtliche Verdrängung des Suizids in den Bereich der Illegalität, der Depression und der erschreckenden Gewalt bewirken nicht einen Schutz des Lebens, sondern dessen Verhöhnung. Sie degradieren das angeblich überragende Selbstbestimmungsrecht des Menschen zu einem angenehmen Privileg der Starken.

Sterben, pflichtgemäß

Der »Wille des Patienten«: Immerhin bis zu diesem Paradigma hat sich die Dogmatik der Moral und des Rechts einmal vorgekämpft aus den Abgründen der Pflicht zum Leiden, zum Dienen und zur Verehrung der Macht. Immerhin umbringen darf man sich. Es sei denn, man ist Soldat: Dann darf man nur andere umbringen oder sich von ihnen umbringen lassen, dazwischen liegt der tiefe Graben der strafbaren Selbstverstümmelung, Paragraf 17 Wehrstrafgesetz.

Strafbarkeitslücken

Immer neu wird uns eine Johanna des Fortschritts erscheinen, gekommen, uns die Lücken an ihren eigenen Wundmalen zu zeigen.

Strafe I

Die Formen der Strafe sind durch die Zeiten sehr vielfältig gewesen; die meisten davon sind aber auch heute noch auf der Welt präsent. Sie reichen vom (öffentlichen oder nur symbolisch öffentlichen) Aussprechen eines Tadels – etwa auf einer öffentlichen Ausstellung von Missetätern am »Pranger« – über das Wegnehmen von Geld und das Einsperren bis hin zur Zufügung körperlicher Schmerzen, Verstümmelung und Tötung. Selbst Gott begnügt sich damit, die Schuld der Menschen erst am Jüngsten Tag abzurechnen, und baut keine Galgen. Wir müssen uns also einen anderen Grund ausdenken, aus welchem wir strafen. Weil ein zweckfreies Hantieren mit Übel-Quantitäten heute dem Verdacht einer gewissen Albernheit ausgesetzt ist und Albernheit das Letzte ist, was Strafrecht verträgt, müssen wir nach »Zwecken« für die Strafe suchen.

Strafe II

Es gibt persönliche, individuelle Gründe für ein Bedürfnis nach Vernichtung von Verbrechern. Sie können überwältigend stark sein, haben aber nichts mit staatlichen Zwecken zu tun. Eine Staatsgewalt, die solche Motive nicht zur Kenntnis nimmt, ist den Menschen fern. Eine Staatsgewalt aber, welche sie zu eigenen, staatlichen Zwecken erklärt, ist unmenschlich und unwürdig.

Strafe und Schuld

Wir müssen Art und das Maß der Strafe bestimmen nach dem Maß der Schuld. Natürlich spielen dabei auch andere Gesichtspunkte eine Rolle: die Persönlichkeit des Verurteilten, seine Gefährlichkeit, das Bedürfnis der Allgemeinheit nach Abschreckung, das Gefühl der ausgleichenden Gerechtigkeit und Genugtuung für die Opfer der Tat und diejenigen, die sich mit ihnen solidarisieren; der Nützlichkeitseffekt für die Gesamtheit der Gesellschaft. Aber all diese Strafzwecke dürfen nicht dazu führen, dass die Strafe außer Verhältnis zur Schuld gerät.

Strafrecht I

Man kann das ganze Strafrecht von der Strafe her konstruieren oder vom Tatbestand her, von der Pflicht her oder von der Freiheit. Am sinnvollsten und am ehesten mit dem Alltagsverständnis vereinbar erscheint es uns heute, wenn wir es im Ausgangspunkt als soziologisches Phänomen betrachten: als Mechanismus oder Funktions- beziehungsweise Sinnsystem, mit dessen Hilfe Gleichförmigkeit des Verhaltens auf jeweils gegebener Verständigungsgrundlage gesichert wird. Je weiter die Geltungsmechanismen dieser Funktion von unserem eigenen Alltag entfernt sind, desto deutlicher heben sie sich von einem Hintergrund ab, den wir als Kultur bezeichnen.

Strafrecht II

Strafrecht ist nichts anderes als kommunikativ organisierte Verständigung über Gewalt und deren Vermeidung. Strafrecht definiert seiner Natur nach eine äußerste Grenze sozialer Toleranz. Es ist deshalb in höchstem Maße Ergebnis eines permanenten Definitionsprozesses und Klärungskampfes. Strafrecht funktioniert nicht per Bundesgesetzblatt römisch eins, sondern per Kommunikation.

Strafrecht III

Strafrecht ist nicht Sicherheitsrecht. Kriminelle sind nicht Feinde. Die Gewalt des Staats ist nicht Zärtlichkeit und Fürsorge. Opfer-Sein ist keine Lebens-Definition, ebenso wenig wie Täter-Sein.

Strafrecht, moralisch

Ohne Moral ist Strafrecht nicht denkbar. Aber auch nicht ohne Herrschaft, Gewalt, Streit um Legitimation. Man muss sich darüber öffentlich unterhalten, ob man Schwule oder Ehebrecherinnen steinigt, Pädophile ohne Schuld lebenslang einsperrt, das Töten von anderen Menschen als ein allerschlimmstes oder als ein durchschnittliches Verbrechen einordnet, ob man das Wegnehmen von fremdem Geld oder das Anfassen von fremden Körpern schlimmer findet und ob man über all dies im Einzelfall lieber noch mal reden möchte.

Strafrecht, orientiert

Das Gerede von der angeblich unerträglichen »Täterorientierung«, mit dem die politische und mediale Emotionsmaschinerie das Strafrecht seit zwanzig Jahren vor sich hertreibt, missbraucht die Bedürfnisse nach Vertrautheit und Gerechtigkeit, die zum Wesen menschlicher Gesellschaften gehören.

Strafrecht, sinnhaft

Wenn es zutreffend ist, dass die besondere Betroffenheit der Opfer von Wohnungseinbrüchen nicht aus dem Wert der gestohlenen Sachen, sondern aus der Verletzung des geschützten Privatbereichs und dem Eindringen in den Raum höchstpersönlicher Lebensführung resultiert, dann ist es schlicht widersinnig, eine besonders hohe Bestrafung dieser Verletzung daran zu knüpfen, ob irgendeine belanglose Sache gestohlen wird oder nicht.

Strafrechtstheorie

Die Menschen haben sich für die Theorien des Strafens nie interessiert, aber stets freudig gestraft. Das wäre eine populäre, aber intellektualitätsfeindliche Denunziation. Umgekehrt könnte man sagen: Die Theoretiker des Strafens haben schon immer das in ihrer Lebenswelt Vorgefundene mehr oder minder genial abstrahiert, mit Brimborium geschmückt und als Weltgesetz wieder ausgeschieden. Das ist zwar nicht viel freundlicher, aber sympathisch nah dran an der achten und der elften These des Herrn Karl Marx über Ludwig Feuerbach, und zutreffend obendrein.

Strafrichter

Strafe verhängen die Richter. Nicht weil sie weiser sind, intelligenter, reicher, privilegierter oder auserwählter. Sie tragen kein göttliches Stigma; sie sind als Individuen so beschränkt oder kenntnisreich, klug oder dumm wie die letzte Jungredakteurin oder der oberste aller Professoren. Ihre Erwählung folgt nicht göttlichem Ratschluss. Vielmehr machen sie eine »Karriere« innerhalb der bürokratischen Struktur. Diese hat manche Fehler. Eine überlegene Alternative ist allerdings bis heute nicht bekannt.

Strafvollzug

Gestreift kostümierte Gestalten mit lustigen Strichlisten an der Wand und gezähmten Ratten als Lebensfährten. Twains Tom Sawyer entwarf vor 150 Jahren die Szene für Jim, den entlaufenen Sklaven – samt Strickleiter in der Pastete und Spinnen unterm Kopfkissen. Auf dieser Stufe der Zivilisation, allerdings ohne den Hauch von Menschenfreundschaft, Selbsterkenntnis oder selbstironischer Distanz, sind sehr viele Menschen stehen geblieben.

Strafvollzug, erfolglos

Die Traumgesellschaft der »Realisten« findet sich in den USA. Dort sitzt ein Prozent der Bevölkerung, 2,8 Millionen Menschen, dauernd in Haft, weitere vier Millionen sind nur auf Bewährung draußen. Die Strafen sind von gnadenloser Härte, die Kosten doppelt so hoch wie der deutsche Verteidigungsetat.

Strafvollzug, populär

Gegenwelten: »Kuschelvollzug«; »Luxusvollzug«; »Vernichtungsvollzug«. Depravation, Hospitalisierung, Subkultur, Schwimmbad für Vergewaltiger; Steinigung für Vergewaltiger; die armen unschuldigen Justizopfer und die eiskalten Gangleader. Subutex-Mafia und Knast-Prostitution. Hierarchien, Verwaltungsvorschriften über den Klopapierverbrauch. Zwei, fünf, zehn Jahre, für immer. Ausbildung und Besoldung, Betreuung, Person, Vollzugsbedienstete. Die deutsche Qualitätspresse interessiert sich für all das einen feuchten Kehricht.

Strafzumessung

Nicht wenige Bürger hätten es gern genau: blaues Auge = zehn Monate. Wegnahme von Geldbeutel mit 300 Euro = 1 Jahr 2 Monate. Sexuelle Nötigung durch überraschendes Streicheln am Gesäß = 27 Jahre. Wenn man so vorgehen wollte, brauchte man eine Tabelle mit »Tarifen«, die schlechterdings unendlich wäre. Denn jeder Fall ist anders. Mal das Opfer, mal der Täter, mal die Umstände, mal die Vorgeschichte, mal die Nachgeschichte, mal die Folgen, mal die Ursachen und so weiter. Wenn die Gerichte dann in den 10 000 Seiten des Tarifwerks herumwühlten und die ihres Erachtens zutreffende Nummer fänden, kämen wieder sieben Schlaumeier daher und krähten, das sei falsch herausgesucht und absolut ungerecht.

Streitig

»Umstritten« ist ein Zustand, den die deutsche Presse für unerträglich hält. Deswegen arbeitet sie 24 Stunden am Tag daran, ihn herzustellen, damit der Mensch immer aufs Neue geläutert werde. Und das geht so: Der Interviewte hat am Telefon auf die Frage »Wie schlimm finden Sie das?« die Worte »möglicherweise« oder »andererseits« oder gar »warum nicht?« auszusprechen. Ab da läuft die Meldung, die Sache sei umstritten.

Sturm

Manchmal fährt ein Sturm über das Land. Die Gletscher schmelzen, das Wasser steigt, Frost oder Staub oder Regen verschlingen die Erde und die Saat und die Menschen. Die ein solches Unheil trifft, sind Menschen nicht »wie wir«, sondern es sind wir Menschen selbst. Die Unglückseligen sind keine Analogien zu uns. Wir sind es selbst. So wie das Kind, das in Bangladesch in einer giftigen Brühe unsere T-Shirts färbt, unser eigenes Kind ist.

Stürzen

Heute »stürzt« niemand, weil in der von ihm geleiteten Bürokratie Gesetzwidriges, kompliziert Verschleiertes, sorgsam Eingefädeltes geschieht. Das wäre einfach zu schwierig: »Der Leser kann das nicht nachvollziehen«, spricht der Redakteur und lässt das Vollziehen deshalb gleich ganz. Die Giganten stürzen über Betrügereien in ihren uninteressanten alten Dissertationen oder über ein Foto mit einem Escortboy.

Suizid

Statt Massenpanik im von gottlosen Selbstmördern blutbesudelten ICE brach im Frühjahr 2015 eine aufgeregte Debatte über die angebliche Unerträglichkeit des Umstands herein, dass private Sterbehilfe-Organisationen auch in Deutschland tätig sind und dass Forderungen nach einer Liberalisierung der Sterbehilfe in der Bevölkerung mehr und mehr Zustimmung erhalten. Es hatten sich mithilfe solcher Organisationen nämlich in mehreren Jahren insgesamt etwa 25 Personen selbst getötet oder willentlich töten lassen. Das liegt auf der Höhe der Tagesrate der Schrotgewehr- und E-605-Lösungen.

Suizidmotiv

Wie prüfungsfest muss ein Selbsttötungsmotiv sein, um vor der Rechtsgemeinschaft bestehen zu können? Heutzutage prüft das niemand; es gibt nur allgemeine Lebensweisheiten: Liebeskummer gilt als wenig überzeugend, Insolvenz schon eher, ein Börsencrash als klassisch geeignet. Eine große Anzahl Menschen tötet sich als Folge von depressiven oder Suchterkrankungen. Davon ließen sich die meisten Fälle vermeiden, wenn diese Personen frühzeitig erkannt und einer Therapie zugeführt werden könnten.

Sympathisanten

Die Brandanschläge im Großraum Dresden werden – wenn überhaupt – keineswegs von »Sympathisanten« des NSU begangen, sondern bloß von betrunkenen Teilfacharbeitern und Zerspanern, möglicherweise auch von frühverrenteten Facharbeiterinnen für Bürokommunikation. Also eher zufällig. Die Polizei sucht und sucht, kann aber einfach keine rechtsradikale Szene finden, sondern nur zufällig zusammenstehende besorgte Bürger. Kein Grund also, Bundesstraßen zu sperren oder Sympathisanten zur Fahndung auszuschreiben oder eines der Dörfer, in denen Anhänger des sogenannten Nationalen Widerstands eine Mehrheit haben, mit zwei Hundertschaften und ein paar Kampfdrohnen zurückzuerobern, weil Deutschland auch an der Elbe verteidigt wird.

Tabu

Wie wir wissen, ist Deutschland eine einzige Tabuzone. Aus diesen und aus vielen anderen Gründen musste jetzt endlich einmal gesagt werden dürfen: Wenn alle armen Menschen dieser Welt (so die Staatskanzlei Bayern) oder alle Kriegsflüchtlinge dieser Welt (so Prof.

Winkler) gleichzeitig zu uns (gemeint: Deutschland in den Grenzen von 1990) kämen, könnte es eng werden.

Tante, alt

»Alte Tante« heißt die »FAZ« nicht deshalb, weil sie so betagt ist und so voll von herzlicher Menschenfreundlichkeit. Sondern weil sie das Zentralorgan einer angeblich bildungsbürgerlichen Weltsicht ist, für welche die Ordnung einer Gesellschaft vor allem daraus besteht, dass jeder Schuster bei seinen Leisten bleibt und jedes Mäntelchen an seinem Häkchen hängt. Deshalb gerät diese Zeitung, die sich aus der Ferne als Tanker der Beständigkeit präsentiert, regelmäßig in echte Verzweiflung, wenn die Rechtschreibung ein bisschen geändert werden soll, 20000 Lokführer eine eigene Gewerkschaft aufmachen oder Horst Köhler die Brocken hinschmeißt. Dann murmelt und unkt und dräut und jammert es aus den Grotten der Frankfurter Apokalyptiker: Ogottogott! Wo soll das alles enden? Was soll bloß aus uns werden?

Tarnung

Typisch für die Volksverhetzung ist, dass der Befallene bei der Äußerung seiner Ideen meist davon überzeugt ist, die Wahrheit und nichts als die Wahrheit herauszubrüllen. Ausnahmen bilden die gefühlt 5000 Geheimdienstmitarbeiter, die als getarnte Agenten in die Reihen der Volksverhetzer eingeschleust wurden, um sie bei ihren Taten zu unterstützen, damit sie anschließend mit der ganzen Härte des Rechtsstaats verfolgt werden können.

Tatort

Der Richter im Jedermann hat seine Bühne im Strafrecht. Hier weiß er, wie's geht; hier ist er zu Hause – immerhin sehen wir jeden Sonntag den Tatort. Der Richter tritt dort meist dadurch in Erscheinung, dass er irgendetwas »nicht mitmacht«, was für den Sieg der Gerechtigkeit von großer Dringlichkeit wäre. »Ich will sehen, was ich beim Richter machen kann«, sagt der ermittelnde Staatsanwalt. Dann sieht man ihn mit dem Richter eine Treppe hinuntergehen. Am Fuß der Stiege kriegt er die Genehmigung zur Telefonüberwachung, auch ohne Tatverdacht.

Tatrichter

Die Vorstellungen und Erwartungen der Tatrichter weichen von denen der Revisionsrichter deutlich ab. Sie kommen aus einer anderen Welt, die bestimmt ist von den Sorgen des buchstäblichen Alltags: Fluten von Akten, unwillige Zeugen, Strafverteidiger, die jeden Knüppel zwischen den Beinen der Justiz als Sieg der Gerechtigkeit verkaufen. Unterbesetzte Kammern, schlechte Ausbildung, am Rande ihrer Kapazitäten arbeitende Geschäftsstellen, Schreibkanzleien, Staatsanwaltschaften. Anders gesagt: Mangel-Verwaltung statt filigrane »Beruhens«-Diskussion. Und »aus Karlsruhe« alle zwei Monate eine neue Anforderung an die

Dokumentation von Entscheidungen und das Abfassen von Urteilen. Wem da auf Dauer nicht das Multitool in der Tasche aufgeht, hat das Gemüt eines Faultiers.

Tatsachen, falsche

Eine »falsche Tatsache« ist nicht, dass die Volkswagen AG Millionen von Kunden getäuscht hat. Dies ist vielmehr eine wahre Tatsache. Eine wahre Tatsache ist auch, dass Arjen Robben letzten Endes immer links vorbeigeht. Falsch wäre aber die Tatsache, dass das bei Willi »Ente« Lippens auch so war.

Täuschen

Das Täuschen ist nicht allein eine hoffnungsvolle, sondern auch eine anstrengende, labyrinthische und intellektuell anspruchsvolle Tätigkeit.

Terroristen

Sie graben sich durch, sie vergiften unser Wasser oder häuten alle Robbenbabys live im Fernsehen, sodass unsere deutschen Abiturientinnen magersüchtig werden vor Mitleid. Sie lassen kleine deutsche Kinder mit verätzten Händen in einer stinkenden Brühe von Elektronikschrott herumkramen oder knechten sie für 8 Cent pro Stunde 16 Stunden am Tag in einer Ledergerberei in Dakar. Von den 150 Millionen km^2 der derzeitigen Landfläche des Planeten nimmt Deutschland ungefähr 0,25 Prozent ein.

Tierschutz

Tiere sind Biomasse, Beifang, vor allem aber Material: 58 Millionen Schweine werden jährlich in Deutschland geschlachtet, 10 Millionen Rinder, 220 Millionen Hähnchen allein in den Betrieben eines einzigen (nicht des größten) Großherstellers. Der deutsche Mensch isst 88 Kilogramm Fleisch pro Jahr, davon knapp 20 Kilogramm Geflügel. Dazu kommen 16 Kilogramm Fisch (1,3 Milliarden Kilogramm). Wir verfüttern Schweineteile an Rinder, Fisch an Schweine, Geflügel an Fische. Hunde essen wir nicht. Nacktschnecken zerschneiden wir mit Gartenscheren, Weinbergschnecken zermatschen wir vor dem Essen. Austern essen wir gern, Schlangen nicht. Anderswo werden Elefanten gegessen, Affenhände und Vogelspinnen in Lake. Ratten essen uns, wenn wir nicht aufpassen.

Tod

Die sogenannte christlich-abendländische Kultur ist – bei allem Kult um den Tod, den sie treibt – eine der Todesverleugnung und der Tabuisierung. Es wird nämlich der Tod vollständig ausgegliedert aus dem Leben, das zugleich als ewig dahingeträumt wird: als ewige Bewegung des Konsums, des Wachstums, der Überwältigung des Fremden, als ein stetes »Vorwärts«. Eine solche Kultur kann mit dem Tod nicht umgehen. Sie entwirft ein Zerrbild des Lebens als Traum von ewiger Jugend und Stärke. In ihren Auswüchsen behandelt sie die Menschen (und diese sich selbst) ab dem 40. Lebensjahr als vom Verfall Gezeichnete – ein vollkommen absurdes, aus den Fugen geratenes Beschleunigungsmodell, ein einziger kollektiver Selbstmord aus Angst vor dem Tod.

Trauma

Der Begriff tendiert, im populärwissenschaftlichen Gebrauch, stark zur Expansion: In manchen therapiezugewandten Kreisen hat er eine derartige Verbreitung gefunden, dass man annehmen könnte, die halbe Bevölkerung leide unter schweren Psychotraumata. Auch diese Mode ist leider aus den USA zu uns übergeschwappt. Dort müssen bekanntlich inzwischen die Kinder vor dem Lesen Grimm'scher Märchen bewahrt werden, damit sie keine schweren Wolfs-, Hexen- oder Stiefmutter-Traumata erleiden. Hierzulande hört man mittlerweile schon von Traumata, die dadurch entstanden sein sollen, dass der Opa von Stalingrad erzählte.

Traumatologie

Das Trauma schleppt sich durch das niemals endende, dunkle Gewirr der Schlingpflanzen, durchs Rufen ungenannter Tiere und das Aufstoßen aller jemals gegessenen Kartoffelklöße mit Sauerbraten. Und es flüstert aus ihr: Wo ich bin, muss etwas sein. Wo ich atme, muss ein anderes geatmet haben. Wo ich Schmerz empfinde, muss eine Gewalt gewesen sein. Dazu gibt es selbstverständlich auch eine ganze Wissenschaft. Die postuliert: Je desintegrierter eine Persönlichkeit sei, die sich subjektiv als »Opfer« erlebt, desto wahrscheinlicher sei es, dass ihre Assoziationen die pure Wahrheit wiedergeben. Sehr merkwürdig! Sehr wundersam!

Überwachung

Manche sagen: Videoüberwachung verhindert keine Straftat, sondern hilft nur bei der Aufklärung. Ein merkwürdiges Argument. Sehr viele von denen, die das »Verhindert nichts«-Argument in den Raum werfen, haben selbst ihre Türsprechanlagen, Tiefgaragen, Hauseingänge, Boutiquen, Tankstellen und Naturkostläden mit hochauflösender Kameratechnik bestückt. Sie wollen damit nicht erleichtern, dass ihre Mörder und Räuber schneller gefunden werden, sondern dass solche Taten dort gar nicht erst begangen werden.

Umschau

»Senioren« sind die Suppe, in die allmonatlich Deutschlands auflagenstärkste Zeitung geworfen wird, die »Apotheken Umschau«. Auflage 10 Millionen! Anzeigenseite 65 000 Euro! Hier erfahren Sie, was Sie zu Blasenschwäche und Schwerhörigkeit wissen müssen und doch nie hören wollten. Das ist ja das uralte Leiden des Patienten an der Welt: Sie sieht einfach nicht, wie sehr wir sie lieben. Sie wendet sich von uns ab, wenn wir sie am meisten brauchen. Sie atmet uns aus wie die Auster die leeren Schalen des Planktons. Solch trauriger Erkenntnis stemmt sich der Apotheker entschlossen entgegen, schon um der eigenen Altersversorgung willen.

Unabhängigkeit, richterlich

Unabhängigkeit bedeutet nicht: Narrenfreiheit, Willkürtoleranz oder Privat-Gerechtigkeit. Sie ist auch kein individuelles Grundrecht des Richters, sondern eine Pflicht, der er zu genügen hat und für die er sich notfalls gegen Druck zur Wehr setzen muss.

Undenkbares

Das »Undenkbare« wird stets nur so genannt, weil es denkbar ist und gedacht werden soll.

Unermesslichkeit

Als ich jung war, glaubten die meisten, die Zahl der Heringe und der Thunfische sei auf ewig unermesslich. Heute denken manche: oh, du glückliche Zeit, als John Kennedy den atomgetriebenen Staubsauger weissagte und Ludwig Erhard die formierte Gesellschaft. Als uns das ganze Universum ein Eigentum schien: der Löwe in der Steppe und der Neger in der Hütte und die kleine Frau zu Hause. Das ganze Öl und der Mond und die Sterne.

Unfallflucht

Ein Unfall setzt einen »nicht völlig belanglosen« Schaden voraus. Über die Belanglosigkeit sollte man sich heutzutage keine Illusionen mehr machen: Die Grenze liegt bei etwa 25 €. So viel kostet bei Porsche schon eine unpolierte Reifenventilkappe. Daher kommt man auch mit dem Tatbestandsirrtum nicht sehr weit: »Ich dachte, so ein Frontspoiler kostet ja fast nichts«, nimmt Ihnen kein Verkehrsstrafrichter ab, und die Einlassung: »Ich dachte, die Beule war schon vorher«, hört er auch viermal die Woche. Überhaupt muss man sagen, die Palette der Einlassungen von Beschuldigten ist zwar einfallsreich, aber doch überschaubar, was zu einer gewissen Verhärtung bei den damit befassten Strafverfolgern führt.

Unschuld I

Wie schön wäre es, unschuldig zu sein! Was ist »unschuldig«? Ich denke, man sollte die Annäherung von ganz innen beginnen und dann mittels Subtraktion versuchen: Konzentrieren Sie sich fünf Minuten lang mit geschlossenen Augen auf das, was Sie als die »Schuld« Ihres eigenen Lebens empfinden. Den Rest, der Ihnen in dieser Zeit nicht eingefallen ist, kriegen Sie als »Unschuld« geschenkt, vorausgesetzt, dass Sie sich wirklich angestrengt haben. Bitte halten Sie sich nicht mit der Mülltrennung auf.

Unschuld II

Urteilsbegründungen, die den Angeklagten freisprechen, ihm aber zugleich bescheinigen, »vermutlich« sei er in Wahrheit doch irgendwie schuldig, das habe bloß nicht bewiesen werden können, sind nicht nur eine Niederträchtigkeit, sondern auch eine rechtsdogmatische Verirrung durch Anbiederung an das gesunde Volksempfinden und seine Agentur, die Presse.

Unsinn

Paragraf 250 StGB verbietet »Waffen und andere gefährliche Werkzeuge«. Der BGH hatte 2003 zu entscheiden: Ist eine geladene Schreckschusspistole ein »anderes gefährliches Werkzeug«? Übertragen auf die Zoologie: Wenn ein Gesetz das Halten von »Hunden und anderen Raubtieren« verböte und jemand hätte eine schwarze Katze, wäre die Frage an den großen Senat: Sind schwarze Katzen Raubtiere im Sinn des Gesetzes? Der große Senat überlegte lange. Er fürchtete sich sehr. Und dann entschied er: »Für Schreckschusspistolen wird am Begriff der Waffe nicht festgehalten.« Es war dies ein sprachlogischer Super-GAU: »Für schwarze Katzen hält der Senat am Begriff des Hundes nicht fest.« Farewell, Brehm! Ade, Humboldt! Für rote Rosen hält der BGH am Begriff der Sonnenblume nicht fest. Und für gelbe Unterseeboote nicht am Begriff des Luftfahrzeugs.

Unterforderung

Der Qualitätsjournalist arbeitet an der untersten denkbaren Grenze seiner intellektuellen Möglichkeiten. Weil der Leser, Hörer und auch Sie, lieber Zuschauer, von einer solch deprimierenden Einfalt sind: Sie verstehen praktisch nichts, was sich nicht in kurzen Hauptsätzen mit sechs Worten sagen lässt. Deshalb ist es für den Qualitätsjournalismus erforderlich, in solch einfachen Sätzen zu denken.

Verantwortung, politisch

Wer war »politisch« verantwortlich für das Blutbad von Kundus? Wer war politisch verantwortlich für den Skandal, dass ein Generalbundesanwalt und ein Bundesjustizminister sich gegenseitig der Lüge bezichtigen und dazu im Land nichts als lauttönendes Schweigen herrscht? Wer verantwortet politisch das Massensterben im Mittelmeer, die Mangelverwaltung des Rechts, das Elend der Süchtigen, die Verfolgung der Verfolgten? Und was ist das: »politische Verantwortung«? Wie fühlt es sich an?

Verbote

Sexistische Werbung ist in Saudi-Arabien selbstverständlich verboten. Auch in Nordkorea, Tadschikistan und dem Tschad. In der Türkei sowieso. Woher sonst sollte der berührend tiefe Respekt rühren, den der junge männliche Türke seiner Mutter, seiner Schwester und den Sexualpartnerinnen entgegenbringt, an die er seine Kraft vor der Heirat mit einer Jungfrau verschwendet? Vielleicht, liebe Feministen, sollten wir zunächst die Krampfadern verbieten und erst dann die Fotos von makellosen Beinen? Vielleicht erst den Hunger und dann die Bilder von Silikonbrüsten auf ausgehungerten Modelkörpern? Vielleicht erst den Ruß und dann den Krebs? Und vielleicht zuallerletzt unsere Fantasien vom Paradies?

Verbrechen

Das Verbrechen ist die Furcht vor dem betrunkenen Vater, der gnadenlosen Mutter, dem finsteren Dunkel, dem kalten Schmerz, der Gewalt, dem Fremden. Das Verbrechen sucht der Mensch immer im Fremden, nie in sich selbst. Recht hat er, und irrt doch.

Verfahrensabschluss

Es gibt das große Wort unserer Frau Angela Merkel aus Anlass der live übertragenen Liquidierung von Osama bin Laden: »Ich freue mich, dass es gelungen ist, Osama bin Laden zu töten.«

Ich versuche mir vorzustellen, wie sich die Freude der Bundeskanzlerin wohl ausdrückte, wenn es gelänge, einen der noch lebenden Verdächtigen zu töten, die an der Ermordung von sechs Millionen Juden beteiligt waren. Gewiss könnte man eine vibrierende Dokumentation über die entscheidenden Minuten im Kanzlerbunker anfertigen: Bundeskanzlerin und Verteidigungsministerin atemlos umschlungen vor dem Livestream, während ein KSK-Trupp die letzten deutschen Völkermörder liquidiert.

Verfahrens-Rollen

Der Begriff »Opfer« steht in unserer Zeit in merkwürdigem, falschem Zusammenhang mit anderen Begriffen: »Beschuldigter«, »Täter« und »Zeuge«. Eigentlich gehören zusammen: Täter und Opfer, Beschuldigter und Zeuge. Das eine ist »materiell«, also inhaltlich, das andere »prozessual«, also verfahrensmäßig orientiert. Wer Beschuldigter ist, muss nicht Täter sein, wer Zeuge ist, nicht Opfer. Die Gegenüberstellung von »Beschuldigter« und »Opfer« ist daher ebenso wie die von »Täter« und »Zeuge« eine Verzerrung der Perspektive, die grundlegende Prinzipien unseres Strafrechts gezielt außer Kraft setzt.

Verfassungsrichter

Die Stellen am Bundesverfassungsgericht wurden zwischen den politischen Parteien ausgehandelt. Betrachtet man die Laufwege en détail, ist man oft erschreckt, sollte aber auch vor eigener Überheblichkeit zurückschrecken. Das geht den Damen und Herren Abgeordneten an der Aufmerksamkeit vorbei. Sie sind die Waldohreulen der wirklichen Wirklichkeit. Sie würgen in der Dämmerung hervor, was ihnen unverdaulich schien, und erklären es im Sonnenlicht zur alternativlosen Ultima Ratio.

Vergangenheit

In den Jahren 1945 ff. besah sich der Deutsche selbst. Nicht »heimgekehrt«, sondern zusammengekehrt auf dem Boden seines Schweinestalls: weinerlich und erbärmlich, selbstmitleidig und chauvinistisch wie eh und je. Die SA-Uniformen waren kaum im Ofen verbrannt, da war der Deutsche schon wieder das Opfer der Geschichte: des Russen, der Vertreibung, der »Bombennächte«. Die deutsche Frau vergewaltigt! Der deutsche

Gutsbesitzer vom Ostseestrand und aus dem schönen Böhmen vertrieben! Gut, dass es Günter Pfitzmann gab und Curd Jürgens, Hanns Lothar und Heinz Rühmann! Sie haben dem deutschen Volk in ihrer Kunst gezeigt, dass es eine Ehre war, seine Pflicht zu tun vor Leningrad und in den Ardennen. Ganz wichtig dabei: Bis zum Schluss! Bis zum Tod! Bis zur Leberzirrhose.

Vergleiche I

Man darf angeblich Äpfel nicht mit Birnen, Netanjahu nicht mit Erdoğan, Stalin nicht mit Hitler und Goethe nicht mit Thomas Bernhard vergleichen. Dabei ist aber doch gerade der Vergleich die Quelle der Erkenntnis und des Verständnisses! Wie sollte man Unterschiede erkennen, wenn man die Gegenstände, an denen sie haften, nicht vergleicht? Deshalb lasse ich mir das Vergleichen auch nicht ausreden. Was ich sehe ist: ein Haufen Unterschiede.

Vergleiche II

Warum sollte es verboten sein, über die Weltendeuterin Marietta Slomka zu sagen, sie sei die schmallippigste Kindergartentante seit Sabine Christiansen, oder von Siegmund Gottlieb, er habe die bedeutendste Frisur seit Siegfried & Roy? Und darf man nicht die Wetterfee Claudia Kleinert, die mit knochiger Riesenhand das ewig unergründliche Auf und das Ab und das Wieder-Auf der Regenbänder in die Luft malt, mit Frau Conchita Wurst vergleichen, die auf weit zarteren Füßchen daherkommt und im Vergleich mit Errol Flynn die womöglich größere Männerdarstellerin ist?

Verkehrsstrafrecht

Die Großen aus der Zunft der Großtheoretiker werden aus dem bloßen Sosein des Sosein-Müssens eine normativ-ontologische Komponente filtern, die uns mit der Frage konfrontiert, wie wir das rauschhafte Sein des Hefeweizentrinkers überhaupt mit dem seinhaften Rausch des GTI-Fahrers in eins mischen können. Und sowieso besteht auf jeden Fall noch Forschungsbedarf.

Verrückt

Der Begriff des »Verrückten« setzt nicht allein (mindestens) zwei Welten voraus, sondern auch eine gedankliche Form, sie zu unterscheiden. Diese Form aber ist, notorisch, von dieser Welt: Der Verrückte ist nur derjenigen Sinnstruktur entrückt, die sich als Wirklichkeit begreift.

Verstehen

Die überhebliche Attitüde gegenüber der Sprache des Rechts, die der sogenannte normale Bürger vermeintlich nicht verstehen kann, stimmt nicht. 95 Prozent der Menschen, die behaupten, sie hätten das »Juristendeutsch« im Kündigungsschreiben oder Bußgeldbescheid nicht verstanden, verstehen jedes Wort, haben aber aus verständlichen Gründen keine Lust dazu. Der

Rest sind Analphabeten und würden den Sachverhalt auch dann nicht erfassen, wenn statt »... zwang sie mit Gewalt zur Durchführung des Geschlechtsverkehrs« da stünde: »... haute ihr aufs Maul, bis sie sich vor lauter Angst flachlegen ließ.«

Verteidigung

Ich kenne Strafverteidiger, die für ein lukratives Mandat fast alles machen würden. Aber auch andere, die den Gruß »Guten Morgen« mit der Frage beantworten: »Was wollen Sie damit unterstellen?« Manche denken, Strafrichter seien ihre Freunde; andere, Strafrichter sännen jeden Morgen darüber nach, wie sie heute am geschicktesten das Recht beugen und für Ungerechtigkeit sorgen könnten. Manchen ist alles egal. Viele Strafverteidiger habe ich getroffen, die von ihren Mandanten nichts verstanden hatten und auch nichts verstehen wollten; manche aus Faulheit, manche aus Überzeugung.

Vier-Augen-Prinzip

Was würden Sie davon halten, wenn Auszeichnungen für Bücher oder Noten für Examensarbeiten, Entscheidungen über Schadensersatz oder Einweisungen in die Psychiatrie oder über das Sorgerecht für Ihre Kinder von Menschen getroffen würden, die niemals auch nur eine Zeile der Arbeit oder der Sachakte oder Ihrer Schriftstücke gelesen haben? Was würden Sie sagen, wenn über Ihre Klagen Richter entschieden, die weder

Sie selbst gehört noch auch nur von Ihren Schriftsätzen jemals Kenntnis genommen haben, sondern sich deren Inhalt von Dritten kurz zusammenfassen ließen?

Volk

Der Deutsche weiß alles über Hinterradaufhängungen, Wachteleier an Kokoscreme und Dehydrierung beim Halbmarathon. Von den Grundregeln des Rechts versteht er dagegen nicht viel.

Volk, heute

2017 ist nicht 1934: Oberstudienrat Höcke heißt ja gar nicht Ernst Röhm. Und da draußen stehen keine lieben Kameraden. Und das deutsche Volk darbt auch nicht in Elend, Hunger und Schmach. Das liebe Volk findet vielmehr, dass es vom globalen Kapitalismus verarscht wird, dass man den Eliten nicht mehr trauen kann und dass die Versprechungen der Parteien sich nicht erfüllen. Wie alle lieben Völker neigt es in solchen Lagen bedauerlicherweise dazu, die Schuld für das Elend nicht bei denen zu suchen, die es ihm eingebrockt haben, sondern bei denen, die noch schlechter dran sind.

Volksfreunde

»Wahl (und Abwahl) der Richter durch das Volk!«, forderte einst der authentische deutsche Maoismus, unbeeindruckt von der ostasiatischen Massakrierung einiger Zigmillionen unschuldiger »Volksfeinde« durch die dortigen Lichtgestalten des Weltgeistes. Armes Volk, arme Verbrecher, armes Recht! 1973 konnte man sich mit solchem Unfug habilitieren. Oder 1943.

Volksverhetzung

Der Volksverhetzer kann zwar anders, will es aber nicht. Es drängt ihn. Darin gleicht er dem Exhibitionisten. Volksverhetzung ist keine Krankheit, wirkt aber wie eine Mischung aus Tourette-Syndrom, Koprolalie und religiösem Wahn.

Vollzugsdienst

Ein Bediensteter im allgemeinen Vollzugsdienst verdient 2400 Euro. Dafür soll er Bodyguard sein, Sozialarbeiter, »Schließer«, Gruppenleiter, Vorbild, unbestechlich, interessiert und gebildet. Ein Sozialarbeiter kostet den Staat im Monat vielleicht 5000 Euro, wenn's hoch kommt. Die Gesamtkosten für jeden einzelnen der bestellten 140 Eurofighter über die Laufzeit werden, so meint der Bundesrechnungshof, bei 420 Millionen Euro liegen. Was sicherheitsrelevant ist und was nicht, entscheidet nicht die Natur, sondern das Interesse.

Vorbilder

Bundesjustizminister Maas hat die Streichung der Strafdrohung für »minder schwere Fälle« des Wohnungseinbruchs angekündigt. Die wahren Urheber der Kampfidee hatten schon im April 2016 verkündet: »Wohnungseinbruch endlich als Verbrechen einstufen!« Diesen Antrag brachte der NPD-Abgeordnete Michael Andrejewski im Landtag von Mecklenburg-Vorpommern ein. Von der NPD lernen heißt verstehen lernen.

Vorsitzende

Es weiß jeder halbwegs gerichtskundige Mensch, dass die Flure der Gerichte widerhallen vom festen Schritt der »Vorsitzenden« und den Trippelschritten der »Beisitzer«, dass »Vorsitzende« – von Dienstalter, Zufall, Genius oder Parteifreund hinaufgeweht – vom Moment ihrer Ernennung an nicht ganz selten ein Regiment führen, als seien sie schon in der Wiege vom Schicksal zum Herrschen erkoren worden, und dass die informelle Macht der Hierarchie lange Tentakel hat.

Wahnerleben

Der Wahn kommt, wie er will. Eifersuchtswahn. Beziehungswahn. Erlösungswahn. Größenwahn. Verfolgungswahn. Empfindungswahn. Viele Jahre schon kenne ich eine sehr liebe Frau, die seit einem schweren Schädel-Hirn-Trauma optische Halluzinationen hat: Freundliche Geister schweben durchs Zimmer, mal tags, mal nachts, schweigend, lachend, winkend. Alles ist gut.

Wahnsinn I

Dunkel hier. Rauschen und Flüstern. Aufgerissene Wunde, Schmerz am Bahndamm, im Keller, hinter der Tür. Schläge und Schläge und Schläge. Armer! Coca-Cola. Bruder, glaub mir. Zarte Berührung. Drähte vom Himmel, Nachrichten im Herzen. Hier, jetzt. Hat der allmächtige Staatsapparat, auf der Spur meiner Seele, mich vielfach erniedrigt, verlassen, verraten, ausspioniert und gefoltert durch falsche Medikamente und vorgetäuschte Ärztinnen, die nichts waren als Huren des Teufels? So viel Formen des Wirklichen, so viel Formen des Wahnsinns! So geht das natürlich nicht. Es kann nicht einfach ein jeder daherkommen und zu allem und jedem »Wahnsinn« sagen, wie es ihm gefällt.

Wahnsinn II

Für die unheilbar Gefährlichen halten wir das Regiment der »Sicherung« vor: Sie können nichts dafür, aber sie müssen für die Sicherheit der anderen auf ein Leben verzichten, das diesen Namen verdient. Das ist ein hohes Sonderopfer, das wir unseren Irren abverlangen. Wir sollten sie zum Dank dafür, dass sie sich nicht wehren können, ein bisschen weniger verachten.

Wahr und Marx

Strafprozess ist Rekonstruktion einer Wirklichkeit, die notwendig und zwingend nicht aktuell, sondern Teil der Vergangenheit ist. Wir müssen Regeln vereinbaren, wie dies festzustellen ist, sonst gibt es gar keine Wahrheit. Wenn es aber keine Wahrheit gibt, gibt es auch keine Gerechtigkeit. Zwischen gleichen Rechten, sagte Karl Marx, entscheidet die Gewalt. Das ist evident richtig.

Wahrheit I

Die Wahrheit ist vielgestaltig, kennt einerseits und andererseits und muss oft mit nur mittelmäßigen Lösungen auskommen. Sachkunde hilft, Schwierigkeiten zu verstehen und unter Umständen auch auszuhalten.

Wahrheit II

Zwischen der Wahrheit und dem Beweis besteht eine rätselhafte, unsichere, schillernde Beziehung: Die Wahrheit ist ein Begriff, der im Nichts ruht. Er bezieht sich auf sein Gegenteil, ohne es benennen zu können. Was ist schon »Unwahrheit«, »Lüge«, »Fälschung«, ohne einen Begriff von Wahrheit? Und der Beweis ist nichts als ein dreibeiniger Hund in einer Bar am Mittelmeer: ein bisschen guter Wille, zu viel Pastis.

Wahrheit III

Wahrheit ist, in der Sprache des Alltags, ein schmutziges Ding, freilich nur, weil und soweit sie mit anderen Wahrheiten in Berührung kommt: denen anderer Menschen. Für uns selbst haben wir, jeder für sich, eine überaus liebevolle und enge Beziehung zur Wahrheit.

Kaum einer, der sie nicht will, kaum einer, der nicht meint, sie sei auf seiner Seite.

Wahrheit IV

Die vielfach berechtigte, manchmal aber auch nur Unverständnis widerspiegelnde Forderung vieler Bürger – insbesondere wenn sie Betroffene sind – nach der Erkenntnis der wahren (also ihrer) Wahrheit ist verständlich, kann aber unmöglich erfüllt werden. Sie verlangt eine Gewissheit, die wir schon jahrhundertelang nicht mehr haben und auch nicht mehr haben können. Denn an die Stelle von ewigen Beweisregeln oder starren Einordnungen des Werts einzelner Tatsachen ist eine Prozesskultur getreten, die den kommunikativen, relativen Charakter des Begriffs der Wahrheit anerkennt.

Wahrheit V

Wahrheit ist keine exklusive, eindimensionale Angelegenheit. Man kann über sie streiten, Aspekte verschieden sehen, Tatsachen unterschiedlich werten. Die verbreiteten Vorwürfe an die (Straf-)Justiz, sie bemühe sich nicht genug um die Wahrheit, halte ich für völlig überzogen. Die meisten der Kritiker könnten es im Übrigen keinesfalls besser, sondern setzen nur ihre eigenen Behauptungen an die Stelle der kritisierten. Es geht auch hier um Legitimität. Sie wird nicht durch Geschrei oder Gewalt erreicht, sondern durch Rationalität der Diskussion und Offenheit der Argumente.

Wahrheitserkenntnis

In jeder Zeit hat es Annahmen darüber gegeben, wie die »Wahrheit« vor Gericht zu ermitteln sei. Über sehr lange Zeiträume hat man, weise und listig, zwischen Wahrheit und Wirklichkeit unterschieden: Ob es »wirklich« ist, was der Gott des Nachmittags dem Kriegshäuptling zuflüsterte, weiß kein Mensch, solange es nur »wahr« ist. Seit Homer, Augustinus, Mohammed, Kant, Marx ist das schwieriger geworden.

Wahrheitsgarantie

Die Wahrheitsgarantie hat sich dramatisch verlagert: von vorrationalen materiellen Gültigkeitselementen, die eine Richtigkeitsgewähr gerade aus der Unkenntnis von Zusammenhängen schufen, hin zu formellen Elementen der Verfahrensgerechtigkeit, die mit der grundsätzlich offenen Welterkenntnis umgehen.

War on Drugs

Die milliardenschweren Paten des Drogenhandels, die inzwischen halbe Kontinente beherrschen oder terrorisieren, sind nichts als die ekligen Fettaugen der Prohibition. Heroin, das Hustenmittel der Bayer AG, wird unter den wachsamen Augen der Bundesverteidigungsministerin in nie gekannter Menge in Afghanistan produziert, während die Freunde aus Amerika die Volksgesundheit mit Brandbomben fördern.

Wasserstand

Frau Petra Pau, Mitglied des Ältestenrats des Bundestags, hat im DLF gesagt, die Sache mit den Montblanc-Füllfederhaltern sei erstens vollkommen legal und zweitens sowieso Schnee von gestern. Das stimmt, so wie ja auch das Schmelzwasser Grönlands ein Schnee von gestern ist. Aber wenn er sich in unser Wattenmeer ergießt, ist er ja doch auch irgendwie von heute und von morgen.

Welt, neu

Dass in der neuen Welt das Lästern Gottes bestenfalls ein Comedy-Gag ist, das ungebetene Berühren eines fremden Körpers aber ein »traumatisierendes« Verbrechen, könnte Außenstehenden als verrückt erscheinen, ist aber intern von hoher Rationalität: Es ist die schöne neue Welt der Agenda 2010.

Weltfriede

Die Problematik ist dem Deutschen Durchschnittsbürger ziemlich scheißegal, solange der Sprit billig, der ADAC zuverlässig und der Flüchtling nicht vor der Haustür ist. Wir wissen seit langer Zeit, dass in jedem Jahr Tausende im Mittelmeer ertrinken. Wir haben ganz genau gewusst, dass der Krieg im Irak nicht dem Frieden diente, sondern der imperialistischen Sicherung von Öl. Wir haben gewusst, dass unser »Feldlager« in Kundus nicht die Überführung der afghanischen Frau in den deutschen Juristinnenbund zum Ziel hat. Wir »bekämpfen« Terror, Massenmord und Willkür, wo und wie es uns gefällt, und richten dem Rest der Welt aus, das Recht auf Leben und Würde gelte »nach Maßgabe der Möglichkeiten«.

Wieder möglich

Immer wieder schön ist die Frage danach, was in Deutschland (alternativ »in diesem Lande«) heutzutage schon (wieder, noch) »möglich« sei. Das bringt den Hauch von Geschichte in die Suppe, der notwendig ist, wenn man eine machtvolle Demonstration für ein helles, klares Licht fordert.

Wiege

Europa mag nicht die Wiege der Menschheit sein, aber immerhin ist es die Wiege des Kapitalismus. Von ihm ging eine unvorstellbare Gewalt aus, die über 500 Jahre hinweg den größten Teil des gesamten Planeten unterworfen und unter das Joch einer Verwertungskultur gezwungen hat, die heute 80 Prozent des Reichtums und der Ressourcen der ganzen Welt auf 10 Prozent ihrer Bewohner lenkt. Ein Prozent von ihnen – also ein Promille der Weltbevölkerung – kontrolliert wiederum 80 Prozent des Reichtums.

Wildschwein

Das Wildschwein, liebe Leser, wird heute Nacht wieder tun, was es will. Ganz in unserer Nähe und sogar in uns selbst.

Herr Winterbauer

Herr Winterbauer ist ein Journalist, der hier bislang noch nicht aufgetaucht ist. Das stört ihn wahrscheinlich. Was sonst könnte den schreibenden Redakteur veranlassen, einen anderen Autor »schreibenden Bundesrichter« zu nennen? Um Verachtung zu lancieren, aber unschuldig zu tun, sagt das kleine Brevier für kleine Chefredakteure, verbinde eine attributive Beschreibung mit einer personalen Substantivierung, die möglichst weit entfernt ist und die zu denunzierende Tätigkeit betrifft: schwülstiger Kanzler, keuchende Redakteurin, fettglänzender Pressesprecher, winziger Winterbauer.

Herr Winterkorn I

Was, so fragt sich der Deutsche in diesen harten Tagen, würde der Talib machen mit einem wie Herrn Winterkorn, der uns doch sein Ehrenwort gegeben hatte, dass im Jahr 2215 der Golf LVII, 18 Meter lang, 0,7 Meter hoch, in der Lage sein werde, auf der Strecke von Berlin nach München 7,7 Liter Diesel zu erzeugen aus dem bloßen Abgas der osteuropäischen Lastkraftwagen, die die rechten sechs der zwölf Autobahnspuren blockieren. Oh, wie haben wir ihm geglaubt! Wie hat er das deutsche Volk verführt, dieser Winterkorn! Oder dieser Pierer! Bis nach Moskau und Leningrad und Peking und Mexiko sind wir mit ihnen gegangen. Wenn wir es nur gewusst hätten! Aber niemand konnte es ahnen.

Herr Winterkorn II

Herr Winterkorn und seine Spießgesellen haben in den letzten zwei Wochen knapp 50 Milliarden Euro vernichtet. Davon kann der deutsche Pegidianer bei 2000 Euro voraussetzungslosem Grundeinkommen 500 000 Jahre lang leben. Hiervon gibt er, kinder- und tierlieb, wie er ist, gern etwas ab, und schon ist die Grenze der Möglichkeiten eine ganz andere.

Wir

Sehr erstaunlich ist, was der Fernsehzuschauer unter »Wir« versteht. Nach nur 90 Minuten Einwirkung ist er bereit, seine Nachbarn, Freunde, Verwandten und Allerliebsten hinzumeucheln, wenn man ihm bloß klarmacht, dass diese eine »verlorene« Gruppe seien.

Wir schaffen das

Ich schlage vor: Errichtung eines Flüchtlingslagers auf dem Gelände des Bundesgerichtshofs. Es gibt da eine schöne Fläche zwischen Palais und Bibliothek. Die bestehenden sanitären Anlagen würden für 300 Menschen reichen. Am frühen Abend, wenn die Akten gelesen

sind, könnte der Verein der Bundesrichter und Bundesrichterinnen, Bundesanwälte und Bundesanwältinnen Unterricht in Rechtskunde und gutem Benehmen erteilen.
Weitere Camps könnten errichtet werden auf der schönen Wiese vor dem Reichstag und auf dem Gendarmenmarkt, vielleicht bevorzugt für armutsflüchtende analphabetische Roma-Weiber aus Nirgendwo, die gern ein Wasserklosett in der Nähe hätten, oder für irakische Ingenieure oder für kleine Mädchen aus tausendundeinen Nächten und für hunderttausend Tage der Sehnsucht und ohne Angst.

Wirtschaft, deutsch

Die seit jeher vorbildlich rechtstreue und zuverlässige deutsche Wirtschaft hat sich entschlossen, nun auch »compliant« zu sein. Was das ist, weiß sie noch nicht genau, da es sich ja ständig ändert.

Wirtschaftsstrafrecht

An dieser Stelle muss die Aktion »Ein Herz für Strafjuristen« wieder einmal um Ihr Verständnis werben, liebe Leser, Vermögensinhaber, Betrüger und Geschädigte: Die Strafrechtsdogmatik hat die Welt des Anlagebetrugs, der Schneeballsysteme und der Abzocke um jeden Preis nicht erfunden. Nein, das waren Sie. Das Strafrecht versucht, Ihren Absichten halbwegs zu folgen und eine Form von Systematik in das Geschehen zu bringen, die es erlaubt, das Unmoralische und Zweifelhafte vom Strafbaren zu trennen. Nicht Strafjuristen sind daran schuld, dass Menschen Straftaten begehen, die ähnlich kompliziert sind wie die wirtschaftlichen Strukturen, die sie ausnutzen.

Wissenschaft

Wir kennen herausragende Wissenschaftler: den Erfinder der gefalteten Zahnbürste, Dr. Best; den Beinahe-Zerstörer Englands, Professor Wernher von Braun; den Errechner des Schwarzen Lochs, unsern lieben deutschen Professor Albert Einstein; den Erfinder des abgasfreien Dieselmotors, Herrn Piëch, und unsere Chefvolkswirtin auf dem Parkett der Börse, Anja Kohl: Dreht der Wind von Süd nach Nord, gibt's an der Pörse Sex und Mord. Tamit zurück ins Studio, liepe Zuschauer!

Worte

Das Wort »Vergewaltigung«, ein gesetzlicher Terminus technicus, erschließt sich zahllosen Gerichtsreportern auch nach 20-jähriger Tätigkeit ebenso wenig wie »Fahrlässigkeit«, »Vorsatz« oder »Versuch«; vielmehr berichten sie über jeden Einzelfall, als habe »der Richter« diese Begriffe so oder so gerade eben erfunden. Das ist ungefähr so, als berichte die »Medizinseite«, Professor Brinkmann habe den Lungentumor durch sofortige Herauspräparierung der Achillessehne bekämpft, der Patient sei aber trotzdem wegen einer schlagartigen venösen Insuffizienz ins Koma gefallen. Liebe Zuschauer, wir bleiben dran. Das klingt jetzt ein bisschen verbittert. Ist auch so gemeint.

Wortlaut

Juristen lesen Worte in Gesetzen nicht wie ungefähre Umschreibungen eines vorläufigen Gefühls von der Bedeutung eines autobiografisch noch nicht abschließend geklärten Ereignisses. Sie lesen sie eher wie fremdsprachige Begriffe: Was »bedeutet« das? Kein Spaß, keine Willkür, aber mit vielen offenen Fenstern dorthin und zu den Lebenswelten. Wer von der Methode keine Ahnung hat und trotzdem herumkräht, ist albern. Wer von der Methode weiß, aber immer nur im Kreis läuft, kommt nirgendwo an.

Wunder

Die »Frankfurter Allgemeine Sonntagszeitung« hat die Fachdiskussion um folgende Analyse bereichert: »Die heute gesunden Siebzigjährigen sind so leistungsfähig wie vor zwanzig Jahren die Fünfzigjährigen.« Da stutzt selbst der verschlafene Frühstücksleser: Kann es sein, dass ein nimmermüder Medizinprofessor den Stillstand der Zeit erfunden hat? Darf der heute Sechzigjährige damit rechnen, in zwanzig Jahren so fit zu sein wie der heute Sechzigjährige? Selbst der größte Schwachsinn fällt nicht weiter auf, wenn es um den Kampf gegen unseren unvermeidlichen Tod geht.

Wunderwahn

Im Vatikan gibt es auch 2016 noch ein Amt zur Anerkennung von Wundern. Ohne Amt kein Wunder, ohne Wunder keine Heiligsprechung. Die vatikanische Wunderwelt konzentriert sich auf Heilungen. Diese Wahl ist sehr weise, denn während schwere Felsbrocken oder massive Stahlträger zum wunderbaren Schweben selbst kaum beitragen, kann ein Kranker beim Wunderheilen doch kräftig mithelfen, zum Beispiel durch festen Glauben. Dass auch dieser durch die Jahrhunderte nachlässt, lässt sich daran erkennen, dass Bernadette es, allerdings überwiegend posthum, auf 68 Wunder brachte, Karol Wojtyła bislang aber nur auf zwei.

Würde

Die sogenannte Würde der Justiz wird erstaunlich oft gerade von Personen – vorzugsweise aus ihren eigenen Reihen – beschworen, die sich hinter diesem Wort gar keinen weiteren Inhalt vorstellen. Für sie erschöpft sich Würde im bloßen So-Sein des Justizsystems und in seiner unendlichen Selbstbestätigung.

Herr Zastrow

Den Kolumnistenpreis für Literaturkritik erhält Volker Zastrow, zugleich den Baden-Badener »Venus Award« für sein Werk »Der Richter mit den dicken Silikonbrüsten«, veröffentlicht in der »Frankfurter Allgemeinen Sonntagszeitung« vom 31. Juli 2016. In Gestalt des Herrn Zastrow kommt nun schon der dritte

»FAZ«-Autor aus seiner dunklen Höhle gestürzt wie die Leopardenmuräne aus dem Riff. Er reißt den Rachen mit den giftigen Zähnen auf und fordert die umherflitschenden Zebrafische auf, dem großmächtigen Zackenbarsch den Garaus zu machen. Von fern winkt Herr Kohler mit hammerhartem »Gepimmel« und einer Abgeordneten, die er »Kuh« nennt. So opfert sich die »FAZ« für das Niveau!

Zaubergesetz

Ein Zaubergesetz ist für uns Heutige eigentlich ein Widerspruch in sich: entweder Zauber oder Gesetz, aber nicht beides zugleich. Das ist der Grundsatz. Der reicht vielen Mitbürgern natürlich nicht aus. Sie möchten, dass die Gesetze eine Macht entfalten, die das ganze Leben auf die Schnelle durchdringt.

Zeitung für Deutschland

Oh my God, schaudert es die zweite Gattin des ersten Vertreters des dritten Vorstands in Königstein: Hat Mario Draghi das tatsächlich gesagt? Muss ich den Gärtner abbestellen? Was soll aus unseren Söhnen werden?

Zielscheiben

Es »kann niemand daran zweifeln, dass Migranten Zielscheiben von Gewalt werden«, sagt Herr Kohler in der »FAZ«. Schon wieder purzeln die Bedeutungen durcheinander! Die Migranten: Sind sie nun Ziele, oder werden sie Zielscheiben? Eine Zielscheibe ist eine Scheibe, auf die man zielt. In der Mitte des Migranten ist ein schwarzer Punkt, das ist die Zehn. Außen ist weiß, da ist die Null.

Zuschauer

»Deutschland ist das Bordell Europas geworden«, tönen »Bild« und »Panorama«, »Süddeutsche« und »Welt« unisono. Weiter hinten lesen wir dann das Neueste von Ruby, der nordafrikanischen armutsflüchtenden Prinzessin mit den großen Augen. »Panorama« ließ einen leitenden Kriminaldirektor aus Augsburg ausrufen: »Deutschland ist zum Eldorado für Zuhälter und Bordellbetreiber geworden. Und wir als Polizei können nur zuschauen.« Der letzte Satz ist dem Kriminaldirektor aber bestimmt nur so rausgerutscht.

Zwangsprostitution

Vergangene Woche durften wir Zuschauer wieder einmal gespannt der medialen Bebilderung des Themas »Prostitution« entgegensehen. Und wir wurden nicht enttäuscht: rötliche Bilder vom Straßenstrich auf allen Kanälen und Magazinseiten, gern auch künstlerisch durch die High Heels schräg nach oben aufgenommen; fast nackte Mädels, bereit zu allem, in Autofenster gebeugt. Auf solche Weise angeregt, vertieft sich der Leser/Zuschauer ins »Elend der Zwangsprostituierten«, also Wesen, die er aus der »Emma« und dem »Tatort« kennt, persönlich aber selbstverständlich noch nie gesehen hat. Legendär ist die Prophezeiung der deutschen Medienlandschaft im Jahr 2006, an den Ostgrenzen Deutschlands stünden 40000 Zwangsprostituierte bereit, um illegal nach Deutschland gebracht und hier von ausländischen (was sonst?) Zuhälterbanden in zwangskasernierter Form den Besuchern der Fußballweltmeisterschaft zugeführt zu werden. Für die WM 2014 wurden in denselben Medien dann wochenlang die Qualitäten und Vorbereitungen der besonders empfehlenswerten brasilianischen Prostituierten auf das große Ereignis diskutiert.

Zweifel

Dass der Zweifel die Gewissheit stört, ist banal und kein Argument gegen seine Existenz. Zweifel ist weder Selbstzweck noch Ziel des Rechts. Aber die Bereitschaft zu vernünftigem Zweifel ist das Mindeste, was wir anderen und diese uns schulden.